东京梦华录

〔宋〕孟元老◎撰

东篱子◎解译

全鉴

中国纺织出版社有限公司

国家一级出版社
全国百佳图书出版单位

内 容 提 要

　　《东京梦华录》是宋代孟元老所撰写的笔记体散记文，追述了北宋都城东京开封府的城市风貌。所记录的大多是宋徽宗崇宁到宣和年间，北宋都城东京人的日常生活以及东京的集市场景，是研究北宋历史文化的一部重要的文献古籍。本书分为原文、注释、译文三大部分，方便国学爱好者阅读及理解，博览国学知识的同时获得文学熏陶。

图书在版编目（CIP）数据

东京梦华录全鉴 ／（宋）孟元老撰；东篱子解译.
— 北京：中国纺织出版社有限公司，2020. 6
　ISBN 978-7-5180-7410-5

　Ⅰ．①东… Ⅱ．①孟… ②东… Ⅲ．①开封—地方史
—史料—北宋 Ⅳ．① K296. 13

中国版本图书馆 CIP 数据核字（2020）第 076524 号

策划编辑：张淑媛　　　　　责任编辑：曹炳镝
责任校对：韩雪丽　　　　　责任印制：储志伟

中国纺织出版社有限公司出版发行
地址：北京市朝阳区百子湾东里 A407 号楼　邮政编码：100124
销售电话：010—67004422　传真：010—87155801
http://www.c-textilep.com
中国纺织出版社天猫旗舰店
官方微博 http://weibo.com/2119887771
佳兴达印刷（天津）有限公司印刷　各地新华书店经销
2020 年 6 月第 1 版第 1 次印刷
开本：710×1000　1/16　印张：20
字数：221 千字　定价：48.00 元

凡购本书，如有缺页、倒页、脱页，由本社图书营销中心调换

前言

　　虽然宋代在我国历史上处于一个特殊的历史阶段，但宋代的经济却始终处于上升的趋势，商品经济也获得了巨大的发展。特别是北宋的都城东京开封府，更是当时人口最多、经济最发达、最为繁荣的都城之一。而孟元老的《东京梦华录》是最为完整、全面地反映北宋京城社会生活的书籍。

　　孟元老，号幽兰居士，有研究认为其原名孟钺，曾任开封府仪曹，生于北宋末年，在东京共生活了二十余年。晚年追忆昔日旧京的繁盛，写成《东京梦华录》10 卷，书中分别记载了东京城池、河道、宫阙、衙署、寺观、桥巷、瓦市、勾栏，以及朝廷典礼、岁时节令、风土习俗、物产时好、诸街夜市，反映出当时都城官、私手工业作坊、商业、文化、交通的发达情况和东京的风貌，让我们不仅可以了解当时的民风时尚，同时也能感受到宋代发达的经济和繁荣的社会生活，以及道路交通漕运等诸多方面的全貌。

　　然而，除此之外，《东京梦华录》最有价值的部分还在于它详细记录了许多盛行在民间和宫廷的杂剧、影戏等节目表演过程，这在中国"百艺"史上留下了可贵的一笔，成为后世研究中国戏曲史的珍贵史料。

在中国文化长期发展中，根据气候节序的变化及生产、生活、文化娱乐的需要，形成了许多传统的民俗节日，人们在节日来临之时举行各种仪式，或游戏娱乐，或祈求祝愿，或祭祀先祖神灵。而在这些节日庆典进行的同时，也活跃了商品生产和交易，促进了经济发展与文化娱乐的繁荣。有的节日直接就是商业或文化的盛会，如卷三"相国寺内万姓交易"就是最好的证明。

在《东京梦华录》之前，从没有过这样全面描写都城生活的著作，无论内容涵盖的规模还是所涉及的范围，它都是无可比拟的。因此说，《东京梦华录》以其珍贵的历史文献价值，成为我国城市史、民俗史、文化史研究不可或缺的瑰宝。

本书对原文进行了必要的注释和翻译，同时为书中的生僻字注音，以便读者轻松地阅读。

解译者

2020 年 1 月

目录

梦华录序

【原文】

仆从先人宦游南北①，崇宁癸未到京师②，卜居于州西金梁桥西夹道之南。渐次长立，正当辇毂之下③。太平日久，人物繁阜。垂髫之童④，但习鼓舞；班白之老，不识干戈。时节相次，各有观赏。灯宵月夕，雪际花时，乞巧登高，教池游苑⑤。举目则青楼画阁，绣户珠帘，雕车竞驻于天街，宝马争驰于御路，金翠耀目，罗绮飘香。新声巧笑于柳陌花衢⑥，按管调弦于茶坊酒肆。八荒争凑，万国咸通。集四海之珍奇，皆归市易；会寰区之异味，悉在庖厨⑦。花光满路，何限春游，箫鼓喧空，几家夜宴。伎巧则惊人耳目，侈奢则长人精神。瞻天表则元夕教池，拜郊孟享⑧。频观公主下降，皇子纳妃。修造则创建明堂，冶铸则立成鼎鼐⑨。观妓籍则府曹衙罢，内省宴回；看变化则举子唱名，武人换授。仆数十年烂赏叠游，莫知厌足。

【注释】

①仆：我。先人：此指作者的父亲。②崇宁癸未：宋徽宗崇宁二年。③辇毂（niǎn gǔ）：皇帝的车舆。代指京城或皇帝。④髫（tiáo）：指儿童或童年。髫，儿童垂下的头发。⑤教池游苑：指金明池、琼林

苑的游赏。⑥柳陌花衢（qú）：旧指妓院或妓院聚集之处。花衢：花街。⑦庖（páo）厨：指厨房，肴馔，也指厨师。⑧拜郊孟享：指到郊外拜祭天帝。孟：首。⑨鼎鼐（nài）：鼎和鼐。古代两种烹饪器具。此指宋徽宗时期铸造的九鼎。

【译文】

　　小时候我跟着在外地做官的父亲周游于南北各地，于宋徽宗崇宁二年来到了京都附近，在汴京州西金梁桥西边夹道的南侧选择了一间房舍居住。我逐渐长大成人，正赶上生活在京城的天子脚下。太平盛世天长日久，京城里的人口逐渐密集，而且物业繁华丰盛。七八岁左右垂着长发的儿童，只知道手足舞蹈地玩耍；两鬓花白的老人，几乎都不认识打仗的武器了。时光荏苒，快乐的节日相继到来，每个节日都有值得观赏的好景致。华灯齐放的良宵，月光皎洁的夜晚，瑞雪飘飞之际，百花盛开之时，或者是七夕的乞巧节，或者是九月重阳节登高，或者是到金明池观看禁军操练，或者是琼林苑的皇上游幸。抬眼就能看见青楼画阁，绣户珠帘，雕饰华丽的车轿争相走过或者驻留在天街旁，名贵矫健的宝马奔驰在宽阔的御街上，镶嵌在衣冠上的金银翡翠耀人眼目，罗袖绮裳飘送阵阵芳香。新歌的旋律与美人的笑语，回荡在柳荫路上与花街巷口；悠扬的箫管之音与琴弦之调，萦绕在茶坊雅聚以及酒楼盛宴之上。全国各州郡之人都争相汇集于京都，各国派来的使者都不远万里来与宋朝沟通。聚集了四海八方的珍品奇货，都来到京城的集市上进行贸易；荟萃天下的美味佳肴，经厨师精心制作都能摆设在京城的宴席上供人享受。鲜花飘香阳光铺满道路，不阻止任何百姓乘兴春游，箫声鼓乐震荡长空，又见几家豪门正举行夜宴。奇特精湛的技艺表演使人耳目一新，奢侈愉悦的生活使人精神振奋。能够有幸观瞻到皇上龙颜的机会，是在元宵节观灯、金明池

观射，以及皇上到郊外拜祭天帝的时候。而且还能频繁观赏到公主出嫁、皇子纳妃的盛大典礼。皇城里重大的建筑成就是创建了大庆殿，重要的冶铸伟绩就是制造成功了巨大精美的九鼎。观赏在籍的歌舞女艺伎可以在衙门办完公事之后，或是宫中或尚书省宴散而回之时；观看朝廷的变化则可以一窥皇帝所召见的登第进士，或是武将的更换和任命。我在几十年当中沉醉于观赏盛典，无数次游览胜地，从来没有感到厌倦和满足。

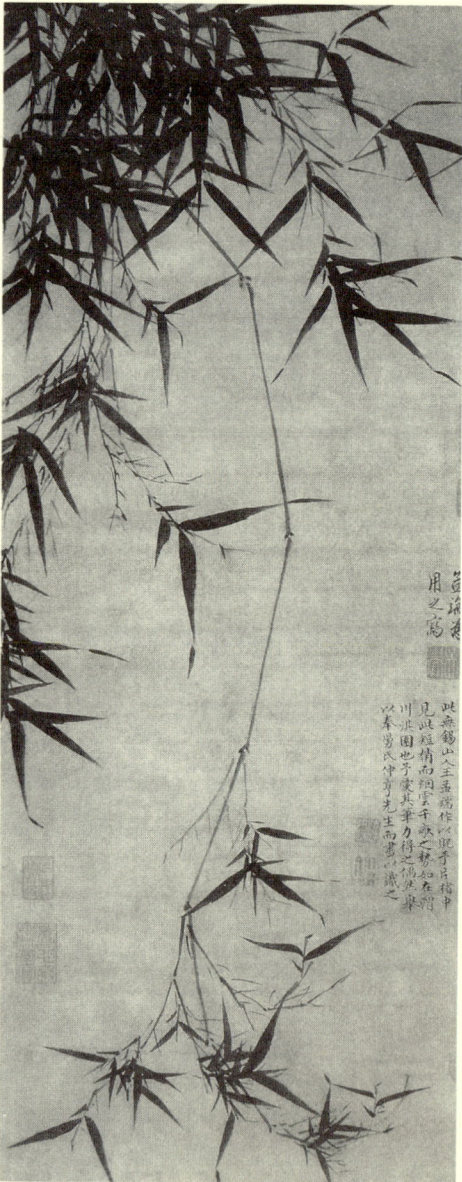

【原文】

一旦兵火，靖康丙午之明年[①]，出京南来，避地江左，情绪牢落，渐入桑榆。暗想当年，节物风流，人情和美，但成怅恨。近与亲戚会面，谈及曩昔[②]，后生往往妄生不然。仆恐浸久，论其风俗者，失于事实，诚为可惜，谨省记编次成集，庶几开卷得睹当时之盛[③]。古人有梦游华胥之国[④]，其乐无涯者。仆今追念，回首怅然，岂非华胥之梦觉哉！目之曰《梦华录》。然以京师之浩穰⑤，及有未尝经从处，得之于人，不无遗阙。倘遇乡党宿德，补缀周备，不胜幸甚。此录语言鄙俚⑥，不以文饰者，盖欲上下通晓尔，观者幸详焉。绍兴丁卯岁除日，幽兰居士孟元老序。

【注释】

①靖康丙午：指宋钦宗靖康元年。②曩（nǎng）：以往，从前。③庶几：或许可以，表示希望或推测。④华胥之国：古代寓言中的理想国度。语出《列子·黄帝》："（黄帝）昼寝而梦游于华胥氏之国"，后用"梦华"为追忆往事恍如梦境之意。⑤浩穰（ráng）：众多，繁多。⑥鄙俚（lǐ）：粗野，庸俗。此处用为谦词。

【译文】

不料有一天忽然间战火燃起，宋钦宗靖康元年的第二年，我离开汴京来到了南方，因躲避战乱而住在江左一带，情绪不免郁闷而低落，年岁也不知不觉中渐渐进入老年晚景。不禁心中暗想当年在汴京城里的生活，每逢佳节之时万物尽显风流，人情世故和谐完美，而如今一切都已化成惆怅和隐恨。最近与亲戚相聚会面的时候，谈到往昔汴京城里的繁华景象，年轻后生们总是妄加非议，不以为然。我担心沉浸其中时间长久了，再谈起那时的风俗和景观，会失去历史的真实，那确实为此感到太可惜了。因此，我非常慎重地省思并把我的记忆顺次编写成集，这样或许可以使后世之人打开此书就能够看到当年的繁盛。古代传说中有黄帝曾梦游华胥之国，感觉在那里快乐无边的典故。我如今追思往事，回忆起来不禁怅然伤怀，这难道不是和华胥之梦刚刚醒来的情形一样吗！所以我把这次所撰写的书命名为《梦华录》。但是，以京城疆域的广大繁多，到现在为止还是有不曾亲身经历的事件或者是没有去过的地方，只能依靠倾听别人的讲述来记录，这就难免有遗漏或欠缺。倘若幸遇故乡的朋友或是德高望重的前辈，能对此书予以补充使其更加周全完备，那真是不胜感激万分庆幸。这本《梦华录》语言通俗浅显，没有刻意进行雕琢修饰，其原因主要是想让文人学士和普通百姓都能看懂，希望阅读者能理解这一点。宋高宗绍兴十七年，岁在丁卯，大年除夕之日，幽兰居士孟元老谨作此序。

卷一

东都外城

东都外城①，方圆四十余里。城濠曰护龙河②，阔十余丈。濠之内外，皆植杨柳，粉墙朱户，禁人往来。城门皆瓮城三层③，屈曲开门，唯南薰门、新郑门、新宋门、封丘门，皆直门两重，盖此系四正门，皆留御路故也。新城南壁，其门有三：正南门曰南薰门；城南一边，东南则陈州门，傍有蔡河水门；西南则戴楼门，傍亦有蔡河水门。蔡河正名惠民河，为通蔡州故也④。东城一边，其门有四：东南曰东水门，乃汴河下流水门也，其门跨河，有铁裹窗门，遇夜如闸垂下水面，两岸各有门通人行路，出拐子城⑤，夹岸百余丈；次则曰新宋门；次曰新曹门；又次曰东北水门，乃五丈河之水门也⑥。西城一边，其门有四：从南曰新郑门；次曰西水门，汴河上水门也；次曰万胜门；又次曰固子门；又次曰西北水门，乃金水河水门也。北城一边，其门有四：从东曰陈桥门〔乃大辽人使驿路⑦〕；次曰封丘门〔北郊御路〕；次曰新酸枣门；次曰卫州门〔诸门名皆俗呼，其正名如西水门曰利泽，郑门本顺天门，固子门本金耀门〕。新城每百步设马面、战棚⑧，密置女头⑨，旦暮修整，望之耸然。城里牙道，各植榆柳成阴。每二百步置一防城库，贮守御之器，有广固兵士二十指挥，每日修造泥饰，专有京城所，提总其事。

【注释】

①东都：这里指当时北宋的国都汴京（今河南开封）。外城：下文又称新城。②濠：也写作"壕"，即护城河。是一种人工开挖的壕沟，注入水，形成人工河作为城墙的屏障。③瓮城：为古代城市的主要防御设施之一，可加强城堡或关隘的防守，在城门外或是内侧修建的半圆形或方形的护门小城，属于城的一部分。④惠民河：古代运河，宋代漕运四河之一。蔡州：中国古代行政区划名，隋朝置，位于今河南省汝南县。⑤拐子城：即瓮城，因其城门为拐弯开启，故称。⑥五丈河：古代河流，五代后周与北宋先后引汴水及金水河入五丈河，以通漕运。北宋时期开封东北一带的粮食主要靠五丈河运入京城。⑦大辽：指辽国。驿路：驿道；大道。古时传递政府文书等用的道路，沿途设有换马或休息的驿站。⑧马面：在中国冷兵

器的古代，为了加强城门的防御能力，许多城池设有两道以上的城门，形成"瓮城"，城墙每隔一定的距离设突出的矩形墩台，以利防守者从侧面攻击来袭敌人，这种墩台为城防设施，俗称为马面。⑨女头：城墙上凸起的垛子一类的防护建筑，即女墙。

【译文】

东都汴京的外城，四周范围约四十余里。所修筑的城壕名为护龙河，宽十余丈。护城河两侧堤岸之上都种植了杨柳树，粉白的城墙，朱红色的门户，禁止行人随便往来。主城门以外都有三层瓮城守护，但每道门都不相对，需要曲折而行才能打开下一道门，只有南薰门、新郑门、新宋门、封丘门是正对着开门，且两两相重，大概因为这是四道正门，都是留给皇帝出行时御用的道路的缘故吧。新城的南城墙壁之上，城门设有三座：正南的城门叫南薰门；

南城墙那一面，东南方则叫陈州门，旁边设有控制蔡河的水门；西南方则是戴楼门，旁边也有蔡河水门。蔡河的正名叫惠民河，因为此河通往蔡州，故而称作蔡河。东城墙那一面，城门设有四座：东南方向的叫作东水门，是汴河水经城流向下游的水门，这座水门横跨汴河，上方设有使用铁皮包裹形如栅栏的窗门，每到夜晚就像铁闸一样垂入水中，两岸各有通行的大门，可供行人车马在此路过，出了拐子城的城门，就能看见左右两岸竟有百余丈；依次相邻的是新宋门；往下顺次叫作新曹门；再往下顺次叫作东北水门，这就是五丈河的水门了。西城墙那一面，城门有四座：从南边数起的第一座叫新郑门；往北叫作西水门，这是汴河水入城的水门；接下来是万胜门；再接下来是固子门；最后再接下来的叫作西北水门，这就是金水河的水门了。北城墙那一面，城门有四座：从东数起的第一道门叫作陈桥门（这是大辽国使臣往来两国的驿道）；依次相邻的叫作封丘门（这是为皇帝前往北郊大祭的御用道路）；再依次就是新酸枣门；最后接下来的叫作卫州门（这些城门的名称都是民间俗称，其实它们都有正名，比如西水门叫作利泽，郑门原本叫顺天门，固子门本来叫金耀门）。新城的城墙防守每隔百步就设置马面、战棚，城墙上紧密设置了凸起的墙垛子，派人日夜巡查并仔细修缮整治，远远望去，一派高耸威严的样子。城墙里面的官道两侧，分别种植的榆柳茂盛婆婆成荫。城中每隔二百步远就设置一处防城库，里面贮藏着守城御敌的武器装备，并有广固兵士二十随时听从指挥，每天对城墙进行修缮建造，巩固泥饰，这一切专门设有管理京都城墙的治所，提总监管此事。

旧京城

旧京城方圆约二十里许^①。南壁其门有三：正南曰朱雀门，左曰保康门，右曰新门。东壁其门有三：从南汴河南岸角门子，河北岸曰旧宋门，次曰旧曹门。西壁其门有三：从南曰旧郑门，次汴河北岸角门子，次曰梁门。北壁其门有三：从东曰旧封丘门，次曰景龙门〔乃大内城角宝箓宫前也^②〕，次曰金水门。

【注释】

①许：表示约略估计。

②大内：皇宫的总称。又称宫城，亦指围绕皇宫的城墙。宝箓（lù）宫：一作"实箓宫"，疑为误。

【译文】

旧京城方圆大约能有二十里左右。其南城墙上有三座城门：正南面叫朱雀门，左边叫保康门，右边叫新门。东城墙有三座城门：从南边数起是汴河南岸的角门子，汴河北岸是旧宋门，接下来是旧曹门。

西城墙有三座城门：从南数起第一座叫旧郑门，其次是汴河北岸角门子，再其次叫梁门。北城墙有三座城门：从东数起第一座是旧封丘门，接下来叫景龙门（在皇宫内城角宝箓宫前面），再接下来就叫金水门。

河道

【原文】

穿城河道有四。南壁曰蔡河，自陈、蔡由西南戴楼门入京城，辽绕自东南陈州门出①，河上有桥十一②：自陈州门里曰观桥〔在五岳观后门〕，从北次曰宣泰桥，次曰云骑桥，次曰横桥子〔在彭婆婆宅前〕，次曰高桥，次曰西保康门桥，次曰龙津桥〔正对内前〕，次曰新桥，次曰太平桥〔高殿前宅前〕，次曰栗麦桥③，次曰第一座桥，次曰宜男桥，出戴楼门外曰四里桥。中曰汴河，自西京洛口分水入京城④，东去至泗州入淮，运东南之粮，凡东南方物⑤，自此入京城，公私仰给焉。自东水门外七里，至西水门外，河上有桥十三：从东水门外七里，曰虹桥，其桥无柱，皆以巨木虚架，饰以丹艧⑥，宛如飞虹，其上、下土桥亦如之；次曰顺成仓桥，入水门里曰便桥，次曰下土桥，次曰上土桥，投西角子门曰相国寺桥。次曰州桥〔正名天汉桥〕，正对于大内御街，其桥与相国寺桥皆低平不通舟船，唯西河平船可过。其柱皆青石为之，石梁石笋楯栏⑦，近桥两岸，皆石壁，雕镌海马水兽飞云之状，桥下密排石柱，盖车驾御路也。

【注释】

①陈州：即淮阳，位于今河南省东南部。②桥十一：疑应为"桥十三"。③粜（tiào）麦桥：古桥名。④西京：封建王朝国都的"京号"，北宋以洛阳为西京。洛口：洛水入黄河之口。故址在今河南巩县东北。⑤方物：指本地产物，土特产等。⑥丹艧（huò）：可供涂饰的红色颜料。⑦石笋：高大的石柱。楯（shǔn）栏：栏杆；栏杆的横木。

【译文】

穿过京城的河道共有四条。流经南城墙的河道叫蔡河，水源来自陈州、蔡州之地，由西南方向的戴楼门的水门流入京城，一路曲折环绕，然后再从东南方向的陈州门的水门流出。河道之上有十三座桥：从陈州门里数起的第一座桥叫观桥（在五岳观后门），再从北面依次数起就是宣泰桥，其次叫云骑桥，再其次叫横桥子（在彭婆婆宅前），接下来叫作高桥，其次叫西保康门桥，再其次叫龙津桥（正对着皇宫大内的前面），然后顺次叫新桥，接下来是太平桥（位于殿前都指挥使高俅的府宅前），接下来就是粜麦桥，再接下来就是第一座桥，其次叫作宜男桥，出了戴楼门外不远的地方叫四里桥。流经城中的河流是汴河，河水从西京洛阳的洛口分支，其中一条水流进入京城，继续向东流到泗州，然后注入淮河，沿着这条河流漕运东南州郡的粮食。但凡东南州郡本地的产物，都是从这里运入京城，可以说，

无论国家还是个人私下用
品，都要仰仗这条河道输送
供给。从东水门外七里之处
一直到西水门外，河上有
十三座桥：从东水门外七里
之处数起的第一座桥叫虹
桥，这座桥没有桥柱，全
都是使用巨大的木料凌空构
架而成，然后用红色颜料涂
饰，犹如飞起来的长虹，
它近旁的上下土桥也是如此
建造而成；其次叫顺成仓
桥，入水门里的叫便桥，
再其次叫下土桥，接下来的
叫上土桥，然后伸向西角子
门的就是相国寺桥。接下来
的叫州桥（正名叫作天汉
桥），这座桥正对着皇宫大
内的御街，此桥与相国寺桥
都低而平，桥下不能通行大
型舟船，只有西河之地的平
船才能在桥下通过。桥柱全
都用青石筑成，桥上的石

梁、石柱、栏杆及接近桥的两岸，都是坚固的石壁，石壁上全都雕镂着千姿百态的海马、水兽和飞云图案，桥下是密密排列着的石柱，大概因为这里也是皇帝车驾的御用之路吧。

【原文】

州桥之北岸御路，东西两阙①，楼观对耸；桥之西有方浅船二只，头置巨干铁枪数条，岸上有铁索三条，遇夜绞上水面，盖防遗火舟船矣。西去曰浚仪桥，次曰兴国寺桥〔亦名马军衙桥〕，次曰太师府桥〔蔡相宅前②〕，次曰金梁桥，次曰西浮桥〔旧以船为之桥，今皆用木石造矣〕，次曰西水门便桥，门外曰横桥。东北曰五丈河，来自济、郓③，般挽京东路粮斛入京城④，自新曹门北入京。河上有桥五：东去曰小横桥，次曰广备桥，次曰蔡市桥，次曰青晖桥，染院桥。西北曰金水河，自京城西南分京、索河水筑堤，从汴河上用木槽架过，从西北水门入京城，夹墙遮拥，入大内灌后苑池浦矣。河上有桥三：曰白虎桥、横桥、五王宫桥之类。又曹门小河子桥曰念佛桥，盖内诸司辇官、亲事官之类⑤，军营皆在曹门，侵晨上直⑥，有瞽者在桥上念经求化⑦，得其名矣。

【注释】

①阙：皇宫门前两边供瞭望的楼。②蔡相：即蔡京，字元长，北宋权相之一，书法家。③郓（yùn）：古地名，郓州。④般挽：此处指转运。京东路：北宋至道三年所设的十五路之一。粮斛（hú）：这里指粮食，斛是古代计算粮食的量器。⑤辇（niǎn）官：指掌管内诸司车辆、器物的官员。亲事官：官名。始设于唐。⑥侵晨：破晓时

分。⑦瞽（gǔ）者：失明的人，盲人。

【译文】

州桥北岸的御路，东西两侧设有供瞭望的楼阁，高大雄伟的楼观台相对耸立；桥的西侧有长方形的浅船两只，船头安置了数条具有巨大枪杆的铁枪，河岸上有铁索三条，每到夜晚便有人将方船绞上水面，这是为了防备无端失火而将船烧毁。向西去就是浚仪桥了，其次叫兴国寺桥（也叫马军衙桥），再其次叫太师府桥（这桥就在蔡相的府宅前），接下来就是金梁桥，其次叫西浮桥（以前是用小船链接一起搭建成桥，现今都已经改成木和石混合建造了），再其次叫西水门便桥，西水门外叫横桥。京城东北方向的河道叫五丈河，河水来自济州和郓州之地，利用这条河可以转运京东路的粮食进入京城，主要是从新曹门的北面入城。这条河上共有桥五座：向东数去的

第一座桥叫小横桥，其次叫广备桥，再其次叫蔡市桥，接下来叫青晖桥，染院桥。西北方向的河道叫金水河，从京城西南分流京、索两河，岸边都已经修筑堤坝，在汴河上架上木槽引水过来，让水流从西北方向的水门流入京城，另外在河水两旁修筑高墙用作遮护，以保证河水流入皇宫大内用以灌注后宫中的花苑池浦了。这条河上有桥三座：分别叫白虎桥、横桥、五王宫桥这一类的名字。此外，曹门小河子桥叫念佛桥，这是因为宫内各官署中辇官、亲事官之类的官员，以及守城官兵的军营都在曹门，天破晓时就要前去宫内当值，路过此桥时经常看见有盲人在桥上念经请求布施，因此就得到念佛桥这个名字了。

大内

【原文】

大内正门宣德楼列五门，门皆金钉朱漆，壁皆砖石间甃①，镌镂龙凤飞云之状，莫非雕甍画栋，峻桷层榱②，覆以琉璃瓦，曲尺朵楼③，朱栏彩槛，下列两阙亭相对，悉用朱红杈子④。入宣德楼正门，乃大庆殿，庭设两楼，如寺院钟楼，上有太史局保章正测验刻漏⑤，逐时刻执牙牌奏⑥。每遇大礼，车驾斋宿，及正朔朝会于此殿⑦。殿外左右横门曰左右长庆门⑧。内城南壁有门三座，系大朝会趋朝路⑨。宣德楼左曰左掖门，右曰右掖门⑩。左掖门里乃明堂，右掖门里西去乃天章、宝文等阁⑪。宫城至北廊约百余丈。入门东去街北廊乃枢密院，次中书省⑫，次都堂〔宰相朝退治事于此〕，次门下省⑬，次大庆殿外廊横门。北去百余步，又一横门，每日宰执趋朝⑭，此处下马，余侍从台谏于第一横门下马，行至文德殿，入第二横门。东廊大庆殿东偏门，西廊中书、门下后省，次修国史院⑮，次南向小角门，正对文德殿〔常朝殿也〕。殿前东西大街，东出东华门，西出西华门。

【注释】

①大内：又称宫城，明清称紫禁城。皇宫的总称。甃（zhòu）：以砖瓦砌的井壁，后引申为砖砌物统称为甃。②甍（méng）：房屋、屋脊。桷（jué）：方形的椽子。榱（cuī）：放在檩上支持屋面和瓦片的木条。③琉璃瓦：以黏土、石青等为原料烧成。朵楼：正楼两旁的楼。④杈（chā）子：即权子，古时用以阻拦人马通行所置的木架。⑤太史局：宋朝掌管天文历法的机构。⑥牙牌：象牙制的牌子，用作记事的标签。⑦正朔朝会：正朔，一年的第一天，即农历正月初一。正：一年的开始；朔：一月的开始。朝会：古时候诸侯或臣属朝见君主。⑧左右横门：即左右两侧的门。古时候以南北为纵，东西为横。⑨朝路：朝会的通道。⑩掖（yè）门：宫殿正门两旁的边门。⑪明堂：古代帝王宣明政教之地。凡是朝会、祭祀、教学等大典，均在此举行。天章、宝文等阁：收藏真宗御制的文集、御书。⑫廊：庑下，殿下外屋。枢密院：五代至元的最高军事机构，唐始设枢密使，掌文

书，以宦官任之。后唐改称枢密院，枢密使辅佐宰相，分掌军政。宋设枢密院与"中书"分掌军政大权，号称"二府"。中书省：古代皇帝直属的中枢官署之名。封建政权执政中枢部门。都堂：宰相的治事之所。⑬门下省：官署名称，魏晋至宋的中央最高政府机构之一。初名侍中寺，是宫内侍从官的办事机构，后来隋朝和唐朝开始正式设立的三省六部制成为与尚书省、中书省合称的三省之一。其称为门下省。⑭宰执：宰相与执政的统称。⑮修国史院：即国史院，官署名。

【译文】

皇宫正门的宣德楼一字排列五座大门，每个大门都装饰金钉并且粉刷大红朱漆，高高的墙壁都是砖石相间砌筑而成，镌刻雕镂的龙飞凤舞图形态各异，灵动的云彩更是栩栩如生，无一不是雕刻精美的屋脊和彩绘的栋梁，高峻的屋角，层层排列的椽子，楼阁顶部都用漂亮的琉璃瓦覆盖，两旁的朵楼宛如曲尺飞卷，朱红色的栏杆、彩绘的栏杆横木，朵楼下两座宫阙亭阁遥遥相对，前方不远处都配有阻拦人马通行的朱红色杈子。进入宣德楼正门，眼前就是大庆殿，庭院中设有东西两楼，犹如寺院中的钟楼，这楼上设有太史局，里面负责勘测的官员保章正在观测刻漏，按时按刻手执牙牌向上奏报。每逢重大典礼，皇帝斋戒住宿，以及每年正月初一的朝会，都在这正殿之中。大殿外左右两侧的门叫左右长庆门。内城南墙有三座门，是重大朝会通向内廷宫殿之路。宣德楼左边的门叫左掖门，右边的门叫右掖门。左掖门里就是明堂，进入右掖门里朝西走去就是天章阁、宝文阁等。从宫城到北面的长廊约有一百余丈，进门向东走到街巷北面殿下的外屋就是枢密院，顺次是中书省，再依次就是都堂（宰相退朝后就在此处理政务），接下来是门下省，其次是大庆殿外面长廊的边门。向北去一百余步，又是一个边门，每天宰相、执政上朝，都在这里下马，其余的侍从、台谏等官员都在第一道横门处下马，然后步行到文德殿，进入第二道横门。东走廊处是大庆殿东偏门，西走廊是中书、门下后省，其次是修国史院，其次是朝南的小角门，正对着文德殿（这里是通常举行朝会的大殿）。文德殿前是东西走向的大街，往东去是东华门，向西去是西华门。

【原文】

近里又两门相对，左右嘉肃门也。南去左右银台门。自东华门里皇太子宫入嘉肃门，街南大庆殿后门、东西上阁门[1]；街北宣祐门。南北大街西廊面东曰凝晖殿，乃通会通门入禁中矣。殿相对东廊门楼，乃殿中省六尚局御厨[2]。殿上常列禁卫两重，时刻提警，出入甚严。近里皆近侍中贵[3]。殿之外皆知省、御药幕次。快行、亲从官、辇官、车子院、黄院子、内诸司兵士、祗候宣唤；及宫禁买卖进贡[4]，皆由此入。唯此浩穰[5]，诸司人自卖饮食珍奇之物，市井之间未有也。每遇早晚进膳，自殿中省对凝晖殿，禁卫成列，约拦不得过往[6]。省门上有一人呼喝，谓之"拨食家"。次有紫衣、裹脚子向后曲折蹼头者[7]，谓之"院子家"，托一合，用黄绣龙合衣笼罩，左手携一红罗绣手巾，进入于此，约十余合，继托金瓜合二十余面进入，非时取唤，谓之"泛索"。宣祐门外，西去紫宸殿[8]〔正朔受朝于此〕。次曰文德殿〔常朝所御〕。次曰垂拱殿，次曰皇仪殿，次曰集英殿〔御宴及试举人于此〕。后殿曰崇政殿、保和殿。内书阁曰睿思殿[9]。后门曰拱辰门。东华门外，市井最盛，盖禁中买卖在此[10]。凡饮食、时新花果、鱼虾鳖蟹、鹑兔脯腊[11]，金玉珍玩、衣着，无非天下之奇。其品味若数十分[12]，客要一二十味下酒，随索，目下便有之。其岁时果瓜蔬茹新上市，并茄瓠之类新出[13]，每对可直三五十千，诸阁分争以贵价取之[14]。

【注释】

①东西上阁（gé）门：官署名。掌管朝会、供奉礼仪之事。②殿中省六尚局：官署名。掌管供奉皇帝饮食、医药、服饰等政令。③近侍中贵：亲近、显贵的近侍宦官。④宫禁：皇帝居住之处，此指皇宫。⑤浩穰（ráng）：众多，繁多。⑥约：绳子，绳索；拘束，限制。

拦：拦挡、阻止。⑦幞（fú）头：又名折上巾、软裹，是一种包裹头部的纱罗软巾。因幞头所用纱罗通常为青黑色，也称"乌纱"。⑧紫宸（chén）殿：按《唐六典》等书的记载，"宣政之北有紫宸门，门北为紫宸殿"。⑨睿（ruì）思殿：北宋皇城内书阁。⑩禁中：指帝王所居宫内。⑪脯腊：干肉。⑫品味：品种。若：约计。⑬蔬茹：蔬菜。茄瓠（hù）：泛指蔬菜。瓠：瓠子，一年生草本植物，茎蔓生，夏天开白花，果实长圆形，嫩时可食；也指这种植物的果实。⑭诸阁分：阁：宋代后妃、皇室子女所居住的地方称为阁。这里应该是指宫中嫔妃的居所，也代指嫔妃们。

【译文】

附近又有两座相对称的大门，这就是左嘉肃门和右嘉肃门了。向南走就会看见左银台门和右银台门。从东华门里的皇太子宫进入嘉肃门，街南就是大庆殿后门，以及东上阁门与西上阁门；而街北面就是宣祐门。南北向大街的西走廊朝东方向的叫凝晖殿，从这里通过

会通门就进入禁宫之中了。和凝晖殿相对的东廊门楼，是殿中省六尚局的御厨房。凝晖殿上日常排列双重禁卫军士，时刻提防警戒，对于出入控制相当严格。附近也都是亲近、显贵的宦官。凝晖殿外是知省、御药等办事的地方。快行、亲从官、辇官、车子院、黄院子、内诸司兵士、祗候等杂役侍卫，随时等候宣召传唤，以及宫内买卖、进贡物品，都由此入内。也只有皇家这样庞大的供奉司属，诸司之人才有诸多美食珍奇之物可以买卖，那些都是民间集市上所没有的。每当早晚进膳时间，从殿中省到凝晖殿之间，禁卫军排成队列，阻止一切闲人过往。殿中省门口有一人负责呼喝传令，称为"拨食家"。其次有身穿紫衣，头戴幞裹起而且向后曲折成幞头之人，被称为"院子家"，手中托着一个食盒，然后用黄色的绣龙食巾罩盖在上边，左手拿着一块红罗绣花手巾，从这里进入，大约能有十余盒，接着还有二十余人手托金色瓜形食盒陆续进入，以防不时被召取用，称为"泛

索"。从宣祐门外向西走是紫宸殿（正月初一皇帝接受群臣朝贺就在此殿）。其次是文德殿（皇帝的日常朝会在这殿中），接下来是垂拱殿，再接下来是皇仪殿，再接下来是集英殿（皇帝在宫中举行御宴以及殿试举人就在这里）。后殿叫崇政殿、保和殿。内书阁叫睿思殿。后门叫拱辰门。东华门外的集市最为繁盛，因为皇宫大内之中的买卖交易物品都在这里。凡是日常饮食所需的时令蔬菜新鲜花果、鱼虾鳖蟹、鹌鹑野兔或是干肉，以及金银玉器、珍宝古玩、各式华丽衣着，没有一样不是天下珍奇之物。其品种约计能有数十种，如若来客要一二十味菜肴下酒，随心选择，眼前就有。时令瓜果蔬菜新鲜上市，而且新出了茄瓠之类的植物果实，每对可值三五十千钱，宫中各处纷纷争相以高价购买。

内诸司

【原文】

内诸司皆在禁中①。如学士院②，皇城司③，四方馆④，客省⑤，东西上阁门，通进司⑥，内弓剑枪甲军器等库，翰林司⑦〔茶酒局也〕，内侍省，入内内侍省⑧，内藏库⑨，奉宸库⑩，景福殿库，延福宫，殿中省六尚局〔尚药、尚食、尚辇、尚酝、尚舍、尚衣〕，诸阁分，内香药库⑪，后苑作⑫，翰林书艺局⑬，医官局⑭，天章等阁，明堂，颁朔布政府⑮。

【注释】

①内诸司：皇宫内为皇室日常生活执事的各司属总称。②学士院：官署名。金有翰林学士院，元有奎章阁学士院。明、清废学士院名，改为翰林院。③皇城司：是宋代禁军官司名。旧名武德司，为宋代特务机构，性质类似明代锦衣卫。执掌宫禁、刺探情报。④四方馆：官署名。以接待东西南北四方少数民族及外国使臣，分设使者四人，各自主管彼此往来以及贸易等事，宋为内诸司之一。⑤客省：古代管署名。唐末置，原多为宦官领，朱温诛杀宦官后多为武将任职。⑥通进司：官署名。宋始置。属门下省，由给事中领之。掌受三省、枢密院、尚书省六部与各寺、监等官署奏牍，摘录要点进呈，得批示后，颁布于外。⑦翰林司：宋官署名。属光禄寺。掌供应茶茗汤果等，以备皇帝游幸、宴饮需要，兼掌翰林院执役者名籍，并安排其轮流服役。⑧内侍省、入内内侍省：官署名，皇帝之近侍机构，管理宫廷内部事务。⑨内藏库：宋官署名。掌管储存每所经费节余，以供非常时期之用；宋初宫内贮藏金帛之库。⑩奉宸库：属太府寺，掌管珠宝及其他珍贵物品，以供宫廷享用。⑪内香药库：宋官署名。属太府寺。宋代祥符年间置，掌出纳外来香药、宝石等物品。⑫后苑作：即后苑造作所，宋官署名。属入内内侍省。掌内廷及皇属婚娶所需物品。⑬翰林书艺局：宋官署名。属翰林院。掌供奉皇帝以书籍、笔墨、琴奕等。有待诏、艺学、书学、祗候、学生等。⑭医官局：宋官署名。属翰林院，负责掌管医药。⑮政府：宋朝时称宰相治理政务的

处所为政府。后也指政令所出之府，即国家的统治机构。

【译文】

　　皇宫内为皇室日常生活执事的各司属都设置在皇帝后宫之中。如学士院，皇城司，四方馆，客省，东西上阁门，通进司，内弓剑枪甲军器等库，翰林司（即茶酒局），内侍省，入内内侍省，内藏库，奉宸库，景福殿库，延福宫，殿中省，六尚局〔这其中包括尚药局、尚食局、尚辇局、尚酝局、尚舍局、尚衣局〕，诸阁分，内香药库，后苑作，翰林书艺局，医官局，天章等阁，明堂颁朔布政府。

外诸司

【原文】

外诸司①：左右金吾街仗司②，法酒库③，内酒坊④，牛羊司⑤，乳酪院⑥，仪鸾司⑦〔帐设局也〕，车辂院⑧，供奉库⑨，杂物库⑩，杂卖务⑪，东西作坊⑫，万全⑬〔造军器所〕，修内司⑭，文思院上下界⑮，绫锦院⑯，文绣院，军器所，上下竹木务⑰，箔场⑱，车营，致远务⑲，骡务，驼坊⑳，象院，作坊物料库㉑，东西窑务㉒，内外物库㉓，油醋库㉔，京城守具所㉕，鞍辔库㉖，养马曰左右骐骥院㉗，天驷十监㉘，河南北十炭场㉙，四熟药局㉚，内外柴炭库㉛，军头引见司㉜，架子营㉝〔楼店务，店宅务〕，榷货务㉞，都茶场㉟，大宗正司㊱，左藏、大观、元丰、宣和等库㊲，编估局㊳，打套所㊴。诸米麦等：自州东虹桥元丰仓、顺成仓，东水门里广济、里河折中、外河折中、富国、广盈、万盈、永丰、济远等仓，陈州门里麦仓子，州北夷门山，五丈河诸仓，约共有五十余所。日有支纳下卸㊵，即有下卸指军兵士，支遣即有袋家，每人肩两石布袋。遇有支遣，仓前成市。近新城有草场二十余所。每遇冬月，诸乡纳粟秆草牛车阗塞道路㊶，车尾相衔，数千万量不绝，场内堆积如山。诸军打请，营在州北，即往州南仓，不许雇人般担[42]，并要亲自肩来，祖宗之法也[43]。

【注释】

①外诸司：与"内诸司"相对，在皇宫外。②左右金吾街仗司：官署名。宋朝卫尉寺所属机构。分左金吾街仗司和右金吾街仗司。职责有皇帝出巡时负责清理道路，整肃禁卫等。③法酒库：官署名。法酒库属光禄寺。掌造酒以供皇帝需用及祭祀、给赐之用。④内酒坊：也属光禄寺，掌管造酒以供平时需用。⑤牛羊司：宋官署名。属光禄寺。掌饲养牛羊，以供祭祀及宴享时宰杀。⑥乳酪院，宋官署名，负责掌管酥酪制品以供使用。⑦仪鸾（luán）司：宋官署名。管皇帝祠郊庙、出巡、宴会和内廷供帐等事务。⑧车辂（lù）院：掌管宫廷内使用车辆的官属。⑨供奉库，宋官署名，掌管供奉物品。⑩杂物库：宋官署名，掌管内外杂物，以供支用。⑪杂卖务：宋官署名，收受京城与各地官府多余物资，计值以待出卖。⑫东西作坊：宋官署名，属军器监。掌管制造兵器、旗帜、戎具等物。⑬万全：专门制造军器的场所。⑭修内司：宋官署名。掌管宫殿、太庙修缮事务。⑮文思院上下界：宋官署名。掌管制造金银器。⑯绫锦院：宋官署名。掌管纺织锦绣，以供皇帝服饰。⑰上下竹木务：宋官署名。分为上竹木务和下竹木务，掌管诸路水运木材，以供营造之用。⑱箔（bó）场：宋官署名。宋时专为应付赐第事宜所设的机构。⑲致远务：宋官署名。掌管饲养杂畜以供负载搬运。⑳驼坊：属太仆寺。掌牧养骆驼。㉑作坊物料库：宋官库名。掌收铁、木、铅等材料，供作坊之用。㉒东西窑务：宋官署名。掌管烧制陶瓷器皿。㉓内外物库：宋官库名。掌管米、面、蜜、豆等食料。㉔油醋库：宋官库名。掌管油、

醋及咸肉。㉕京城守具所：掌管修治事宜。㉖鞍辔（pèi）库：宋官署名。属群牧司。掌管御马鞍辔玉鞍勒，给赐王公、大臣、外国使者的鞯（jiān）辔等物。㉗骐骥（qí jì）院：官署名，掌牧养官马以供皇帝车舆、赏赐王公大臣与外国使节及骑军、驿站等用。㉘天驷十监：宋官署名。属群牧司。掌管牧养官马，以备军事及其他用途，属中央养马机构。㉙十炭场：宋官署名。掌管出卖石炭。㉚四熟药局：宋官署名。掌管、出售官府积滞之药已供民间治病。㉛柴炭库：宋官署名。掌管薪炭。㉜军头引见司：宋官署名。掌管诸军检阅、引见、分配之政。皇帝外出遇陈述时，负责问明情况回奏。㉝架子营：宋官署名。掌管官房，筹划及修造事宜。㉞榷（què）货务：宋官署名。属太府寺。掌贸易和税收。㉟都茶场：宋官署名。掌管茶叶，以供赏赐、出卖及翰林司之用。㊱大宗正司：宋官署名。掌纠合宗室外族属而训之以德行、道艺接受其词论而纠正其违失，有罪即先劾奏皇帝，法例不能决断者，即共同上殿取裁。㊲左藏、大观、元丰、宣和等库：官库名。左藏负责掌收各地财赋收入，以供军吏及士兵使用。大观负责收储细软香药等物。元丰负责储藏封桩的钱物。宣和负责收储财务以供皇帝之用。㊳编估局：宋官署名。负责对福建、广南两浙地区船舶交纳的香药杂物及诸州等所送赃罚衣物等进行估价，除供应朝廷外，还送到杂卖场出卖。㊴打套所：宋官署名。掌管香药杂物及打套事物。㊵支纳下卸（xiè）：支取缴纳，装卸搬运。㊶阗（tián）塞：堵塞、塞满。㊷般担：即搬担。般，通"搬"。㊸祖宗之法：这里指宋太祖、太宗立下的规矩。

【译文】

外诸司有：左金吾街仗司和右金吾街仗司，法酒库，内酒坊，牛羊司，乳酪院，仪鸾司（即帐设局），车辂院，供奉库，杂物库，杂卖务，东西作坊，万全（制造军用武器的场所），修内司，文思院上下界，绫锦院，文绣院，军器所，上下竹木务，箔场，车营，致远务，骡务，驼坊，象院，作坊物料库，东西窑务，内外物库，油醋库，京城守具所，鞍辔库，掌管养马事物之处叫左右骐骥院，天驷十监，河南北十炭场，四熟药局，内外柴炭库，军头引见司，架子营（包括楼店务和店宅务），榷货务，都茶场，大宗正司，左藏、大观、元丰、宣和等库，编估局，打套所。负责储存、供给各种米粮小麦等食物的仓库有：在州城东面的虹桥元丰仓、顺成仓，东水门里的广济仓、里河折中仓、外河折中仓、富国、广盈、万盈、永丰、济远等仓，陈州门里的麦仓，州城北面的夷门山、五丈河等诸仓，总计约有五十余所。日常有支出、缴纳、装卸搬运之事，这时就会有所属的下卸司官员指挥兵士装卸货物，受官员所支配差遣装卸货物的役工被称为"袋家"，他们每人都能肩扛盛满两石粮食的布袋行走。如果遇到装卸粮食之日，仓前就像集市一样人头攒动热闹非凡。靠近新城的地方共有草场二十余所。每到冬季之时，各乡前来缴纳粮食柴草的牛车，塞满道路，车辆拥挤首尾相互衔接，数量之多能有成千上万辆而不绝于途，抬眼望去，场内粮草堆积如山。诸军营寨如果在城北，即令兵士前往城南粮仓取粮，且不许雇用"袋家"搬运，全部要由兵士们亲自用肩扛运，以防懈怠，这是宋朝前代祖宗立下的规矩。

御街

【原文】

坊巷御街，自宣德楼一直南去，约阔二百余步①，两边乃御廊，旧许市人买卖于其间②，自政和间官司禁止③，各安立黑漆杈子④，路心又安朱漆杈子两行，中心御道，不得人马行往，行人皆在廊下朱杈子之外。杈子里有砖石甃砌御沟水两道⑤，宣和间尽植莲荷⑥，近岸植桃李梨杏，杂花相间，春夏之间，望之如绣。

【注释】

①御街：指京城中的主要街道，是皇帝出行通常经过的街道。步：长度名。周朝时以八尺为步，秦朝时以六尺为步；旧时候的营造尺以五尺为步。②市人：城内中人。③政和：宋徽宗的年号。官司：官府。④杈（chā）子：即杈子。置于官府宦宅前阻拦人马通行的木架。古称行马。⑤甃（zhòu）：砌，垒。⑥宣和：宋徽宗的年号。

【译文】

京城中坊巷间主要街道叫御街，从皇宫正门的宣德楼一直通向南面，御街的宽度大约有二百余步，街道两边是御廊，原先允许市井中人在御廊中做买卖，但自从到了政和年间就被官府下令禁止了，并且在两边的御廊前分别设立了黑漆木杈子，道路中间又安放了两行红漆杈子。作为御街中心的御道，不准行人、车马往来，行人都在廊下朱漆杈子之外行走。木杈子里侧有砖石相间砌筑而成的两道御沟，沟内水流潺潺，宣和年间，两边御沟都种植了睡莲、荷花，靠近御沟岸边之上分别种植了桃、李、梨、杏等各种果树，不同的花交错开放，每当春夏之间，远远望去，犹如锦绣图画一般。

宣德楼前省府宫宇

【原文】

宣德楼前，左南廊对左掖门①，为明堂颁朔布政府、秘书省②。右廊南对右掖门，近东则两府八位③，西则尚书省④。御街大内前南去，左前景灵东宫，右则西宫。近南大晟府⑤，次曰太常寺⑥。州桥曲转大街面南曰左藏库，近东郑太宰宅、青鱼市内行。景灵东宫南门大街以东，南则唐家金银铺、温州漆器什物铺、大相国寺⑦，直至十三间楼、旧宋门。自大内西廊南去，即景灵西宫，南曲对即报慈寺街、都进奏院⑧、百钟圆药铺，至浚仪桥大街⑨。西宫南皆御廊杈子，至州桥投西大街，乃果子行⑩。街北都亭驿⑪〔大辽人使驿也〕，相对梁家珠子铺，余皆卖时行纸画、花果铺席。至浚仪桥之西，即开封府。御街一直南去，过州桥，两边皆居民。街东车家炭，张家酒店，次则王楼山洞梅花包子、李家香铺、曹婆婆肉饼、李四分茶。至朱雀门街西，过桥即投西大街，谓之曲院街。街南遇仙正店，前有楼子后有台，都人谓之"台上"。此一店最是酒店上户，银瓶酒七十二文一角⑫，羊羔酒八十一文一角⑬。街北薛家分茶⑭、羊饭、熟羊肉铺。向西去皆妓女馆舍，都人谓之"院街"。御廊西即鹿家包子，余皆羹店、分茶、酒店、香药铺、居民。

【注释】

①左掖（yè）门：是宫城正门左边的小门。②秘书省：官署名，专门管理国家藏书的中央机构。③两府：宋代掌管军事的枢密院和掌管政务的中书省为两府。④尚书省：官署名。前身为"尚书台"。由汉代皇帝的秘书机关尚书发展而来，是魏晋至宋的中央最高政令机构，为中央政府最高权力机构之一。⑤大晟（shèng）府：北宋时掌管音乐的官署，徽宗崇宁中创立。⑥太常寺：官署名。封建社会中掌管礼乐的最高行政机关。⑦大相国寺：原名建国寺，位于今开封市自由路西段，是中国著名的佛教寺院。⑧都进奏院：各州镇官员到京师朝见皇帝或办理其他事务时的寓所，也是进京官员的联络地。⑨浚仪桥：京城中的桥名。⑩果子：生果、干果、凉果、蜜饯、饼食等的总称。⑪都亭驿：安置北方辽国使臣的馆驿。⑫角：古代酒器。⑬羊羔酒：中国传统名酒，起源于汉魏，兴盛于唐宋，"羊羔酒"因色泽白莹，入口绵甘，如羊羔之味美，故名之。⑭分茶：茶楼、酒楼等食物店。

【译文】

宣德楼前，左边南廊面对左掖门，那里是明堂颁朔布政府、秘书省所在地。右边长廊南面对着右掖门。靠近东面的是俗称"两府八位"的枢密院和中书省，西面的是尚书省。从皇宫之前顺着御街朝南去，左边就是景灵东宫，右边则是景灵西宫。向南去距离宫城最近的是大晟府，其次是太常寺。穿过州桥曲折转弯的大街之后，眼前面朝南的叫左藏库，靠近东边的是郑太宰宅第、青鱼市内行。来到景灵东宫南门大街以东这一带，往南去则依次为唐家金银铺、温州漆器什物铺、大相国寺，一直到十三间楼、旧宋门。从皇宫的西廊出发朝南走去，就是景灵西宫了，南面拐弯处所面对的就是报慈寺街、都进奏院、百钟圆药铺，一直前走可到达浚仪桥大街。景灵西宫南面都有御廊，并且设置了禁行的木杈子，到了州桥朝西大街走去，就是果子行了。街北面是都亭驿（此处是辽国使者的驿舍），

夏池清赏

与都亭驿相对的是梁家珠子铺，其余地方都是出卖当时流行的纸画、花果之类的店铺。到了浚仪桥的西边，就是开封府的治所。从御街一直朝南去，过了州桥，就能看到街道两边都有用来居住的民宅。街东边是车家炭行、张家酒店，其次是王楼山洞梅花包子、李家香铺、曹婆婆肉饼铺、李四分茶店。然后到了朱雀门街的西面，过了桥就能通向西大街，这里被称为曲院街。街南面是遇仙正店，其前边有楼子，后有台阁，京都中人都称为"台上"。这一家店是京城里酒店之中最有名气的上等店户，店里的银瓶酒要七十二文铜钱一角，羊羔酒要八十一文铜钱一角。街北面是薛家分茶店、羊饭铺、熟羊肉铺。朝西去全都是娼妓馆舍，京城中人都称为"院街"。御廊西面就是鹿家包子铺了，其余的都是羹店、分茶店、酒店、香药铺以及居住的民房。

朱雀门外街巷

【原文】

出朱雀门东壁亦人家。东去大街麦秸巷^①、状元楼，余皆妓馆，至保康门街。其御街东朱雀门外，西通新门瓦子^②。以南杀猪巷，亦妓馆。以南东西两教坊^③，余皆居民，或茶坊。街心市井^④，至夜尤盛。过龙津桥南去，路心又设朱漆杈子，如内前。东刘廉访宅，以南太学、国子监^⑤。过太学又有横街，乃太学南门。街南熟药惠民南局。以南五里许，皆民居。又东去横大街，乃五岳观后门。大街约半里许，乃看街亭，寻常车驾行幸，登亭观马骑于此^⑥。东至贡院、什物库、礼部贡院、车营务、草场^⑦。街南葆真宫，直至蔡河云骑桥。御街至南薰门里，街西五岳观，最为雄壮。自西门东去观桥、宣泰桥，柳阴牙道^⑧，约五里许，内有中太一宫、佑神观。街南明丽殿，奉灵园，九成宫，内安顿九鼎^⑨；近东即迎祥池，夹岸垂杨，菰蒲莲荷，凫雁游泳其间^⑩，桥亭台榭，棊布相峙^⑪，唯每岁清明日，放万姓烧香游观一日。龙津桥南西壁邓枢密宅，以南武学巷内曲子张宅，武成王庙。以南张家油饼，明节皇后宅。西去大街曰大巷口。又西曰清风楼酒店，都人夏月多乘凉于此。以西老鸦巷口军器所，直接第一座桥。自大巷口南去，延真观，延接四方道民于此。以南西去小巷口三学院，西去直抵宜男桥小巷，南去即南薰门。其门寻常士庶殡葬车舆⑫皆不得经由此门而出，谓正与大内相对。唯民间所宰猪，须从此入京，每日至晚，每群万数⑬，止十数人驱逐，无有乱行者。

【注释】

①麦秸（jiē）巷：东京汴梁的内城街巷名。②瓦子：宋朝时大都市中的娱乐场所（包括戏院、赌场、妓院等）的总称。③教坊：负责教习音乐的场所，属太常寺。④市井：泛指集市，这里指做买卖的地方。⑤太学、国子监：太学是中国古代的国立最高学府。国子监是国家设立的最高学府和教育行政管理机构，负责训导学生、推荐学生应举、修建校舍、刻印书籍。⑥车驾：本意是马车，这里代指帝王。马骑：这里指车马和行人。⑦贡院：宋代贡举考试的机构。草场：草料场的简称。掌管草料储积、出纳等事务。⑧牙道：官道。⑨九鼎：古代象征国家政权的传国之宝。《宋史》所记："崇宁四年三月，铸九鼎，用金甚厚，取九州水土内鼎中。"关于九鼎的下落，史家众说纷坛，不一而足。⑩菰（gū）：多年生草本植物，生在浅水里，嫩茎称"茭白""蒋"，可作蔬菜。果实称"菰米""雕胡米"，可煮食。凫（fú）雁：凫，指野鸭。雁，大雁。⑪棊（qí）：同"棋"。⑫舆（yú）：泛指车辆。⑬每日至晚，每群万数：第一个每：常常，时常。第二个"每"：虽，虽然。

【译文】

出了朱雀门，东城墙下也都是百姓人家。朝东去的大街是麦秸巷、状元楼，其余的地方就都是妓馆了，一直延展到保康门街。而到了御街东面的朱雀门之外，向西行走就能通往新门瓦子了。往南去是杀猪巷，也都是妓馆。再往南去是东、西两座教坊，其余都是百姓的住所，或者是茶馆。街当中是集市，聚集很多做买卖之人，到了夜间尤为兴盛。经过龙津桥向南走去，道路中央又设置了朱漆的木杈子，就像在皇宫前所设置的杈子一样。东边是刘廉访府宅，往南是太学、国子监。过了太学又有一条横街，这是太学的南门方向。街南是熟药惠民南局。继续往南行走大约五里路左右，全都是百姓居所。另外再朝东去有一条横向大街，这就是通往五岳观后门的道路了。沿着大街前行大约半里左右，就是看街亭，平常皇帝到此，登上看街亭在这里观

看车马和行人。向东可以依次到达贡院、什物库、礼部贡院、车营务、草料场。街南是葆真宫，前行可以直接到达蔡河云骑桥。从御街一直到南薰门以里为止，要数御街西边的五岳观，最为雄伟壮丽。从西门向东去是观桥、宣泰桥，整条官道柳荫遮蔽，幽静无比，全长大约有五里，其间有中太一宫、佑神观。街南是明丽殿、奉灵园、九成宫，宫内安置了宋朝崇宁年间铸造的九鼎；在这附近往东去便是迎祥池，池边垂杨夹岸，池中菰蒲莲荷茂盛，时而有凫雁在其间游泳嬉戏。迎祥池中有精巧玲珑的小桥、亭阁、楼台、水榭，看上去星罗棋布，相对耸峙，不过只能在每年的清明节日那天，才准许万民百姓入内烧香，游览观赏一日。龙津桥南西城墙那边是邓枢密府宅，往南行的武学巷内是曲子张府宅，以及武成王庙。再往南是张家油饼铺，以及明节皇后宅邸。向西去的大街叫大巷口。再往西边去就是清风楼酒店，京城中人在夏天的夜晚多数都来到这一带乘凉。从此再往西是老鸦巷口军器所，一直连接第一座桥。从大巷口向南去是延真观，观里可以接待、安置四面八方来到京城的道人和民众。从这南面向西去的小巷口是三学院，再往西去可以一直抵达宜男桥小巷，往南去便是南薰门。南薰门平时不论士人还是百姓的殡葬车辆都不能由此门而出，据说是因为此门正好与皇宫相对，是大忌。只有民间所要送往京城准备宰杀的生猪，则必须从这座大门进入京城。常常是到了晚间，虽然每群猪能达到数以万计，但却只有十余人驱赶，而猪群中却没有一个乱跑乱窜的。

州桥夜市

【原文】

出朱雀门，直至龙津桥。自州桥南去，当街水饭、爊肉、干脯①。王楼前獾儿、野狐肉、脯鸡②。梅家鹿家鹅鸭鸡兔、肚肺鳝鱼、包子鸡皮、腰肾鸡碎③，每个不过十五文。曹家从食。至朱雀门，旋煎羊白肠④、鲊脯⑤、冻冻鱼头、姜豉⑥、剌子⑦、抹脏⑧、红丝、批切羊头、辣脚子、姜辣萝卜。夏月，麻腐、鸡皮麻饮、细粉素签、沙糖冰雪冷元子⑨、水晶皂儿、生淹水木瓜、药木瓜、鸡头穰⑩、沙糖菉豆甘草冰雪凉水⑪、荔枝膏、广芥瓜儿、咸菜、杏片、梅子姜、莴苣⑫、笋、芥、辣瓜儿、细料馉饳儿⑬、香糖果子、间道糖荔枝、越梅、锯刀紫苏膏⑭、金丝党梅、香枨元⑮，皆用梅红匣儿盛贮。冬月，盘兔、旋炙猪皮肉、野鸭肉、滴酥水晶鲙、煎夹子、猪脏之类⑯，直至龙津桥须脑子肉止，谓之"杂嚼"，直至三更。

【注释】

①水饭：中国民间传统食品，开水泡饭。爊（āo）肉：即煨烤的肉。干脯（fǔ）：即肉干。②王楼：原本作"玉楼"，后依它本改之。獾（huān）儿：即獾，也叫狗獾，是分布于欧洲和亚洲大部分地区的

一种哺乳动物。③鸡碎：疑为"杂碎"。因"鸡"的繁体字（鷄）与"杂"的繁体字（雜）相似而误抄。④旋煎羊白肠：即现煎现卖的羊白肠。⑤鲊（zhǎ）脯：经过加工制作便于储藏的鱼类食品，如腌鱼之类。⑥姜豉（chǐ）：唐宋时期开封市肆名馔和寒食节传统食品。此菜因以姜调味，烹制成的熟猪肉浓烂，汤汁凝冻，似豆豉而得名。⑦�（zhé）子：切得很薄的肉。剢，通"牒（zhé）"。⑧抹脏：抹有调料的动物内脏。⑨元子：应是丸子之意。古本因为要避宋钦宗赵桓的讳，故将"丸"作"元"字。⑩鸡头穰：芡实的肉。芡是一种水生植物。穰（ráng）：此处通"瓤"，指果实的肉。⑪菉（lù）豆：绿豆。⑫莴苣（wō jù）：菊科，属一年生或二年生草本植物。茎直立，单生，基生叶及下部茎叶大，不分裂，倒披针形、椭圆形或椭圆状倒披针形，可

食用，味道鲜美，口感爽脆，是较为普及的一种蔬菜。⑬馉饳（gǔ duò）：古代的一种面食，有馅。一说即"馄饨"。⑭紫苏：别名桂荏、白苏、赤苏等，为唇形科一年生草本植物，具有特异的芳香，叶片多皱缩卷曲，完整者展平后呈卵圆形。⑮香枨（chéng）元：即香橙丸子。"枨"同"橙"。⑯盘兔：面蒸的兔形食品。水晶鲙（kuài）：亦作"水晶脍"。即将切细的鱼、肉碎片配以佐料，经烹煮、冷冻后而成的半透明块状食品。

【译文】

出了朱雀门，能够直到龙津桥。然后从州桥向南走去，就能看见当街有卖水饭、爊肉以及肉干类食物的。王楼前则有卖獾儿、野狐肉、风干鸡等肉类吃食的。梅家、鹿家的鹅、鸭、鸡、兔、肚肺、鳝鱼、包子鸡皮、腰肾鸡碎等食物，每份不过十五文钱。曹家的小食、点心等食品也在此出售。到朱雀门，还有现煎现卖的羊白肠，祖传秘制的鲊脯，爊冻鱼头、姜豉、剚子、抹脏、红丝、批切羊头，辣脚子、姜辣萝卜等食物贩卖。到了夏天的时候，则有麻腐、鸡皮麻饮、细粉素签、沙糖冰雪冷丸子、水晶皂儿、生淹水木瓜、药木瓜、鸡头穰、沙糖绿豆甘草冰雪凉水、荔枝膏、广芥瓜儿、咸菜、杏片、梅子姜、莴苣、笋、芥菜、辣瓜儿、细料馉饳儿、香糖果子、间道糖荔枝、越梅、铡刀紫苏膏、金丝党梅、香橙丸子可以买来食用，这些食物都是用梅红色的盒子盛贮。冬天的时候则有盘兔、现烤现卖的猪皮肉、野鸭肉、滴酥水晶鲙、煎夹子、猪脏之类的食物可以买来吃，一直走到龙津桥那儿卖须脑子肉的地方为止，这一溜儿所卖的食物，人们都称为"杂嚼"，这里的街市买卖兴隆，每天都是直到三更半夜人们才散去。

东角楼街巷

【原文】

自宣德东去，东角楼乃皇城东南角也①。十字街南去，姜行。高头街北去，从纱行至东华门街、晨晖门、宝箓宫②，直至旧酸枣门，最是铺席要闹③。宣和间展夹城牙道矣④。东去乃潘楼街，街南曰"鹰店"，只下贩鹰鹘客，余皆真珠疋帛、香药铺席⑤。南通一巷，谓之"界身"，并是金银彩帛交易之所⑥，屋宇雄壮，门前广阔，望之森然；每一交易，动即千万，骇人闻见⑦。以东街北曰潘楼酒店，其下每日自五更市合⑧，买卖衣物书画、珍玩犀玉；至平明⑨，羊头、肚肺、赤白腰子、妳房、肚胘⑩、鹑兔鸠鸽野味、螃蟹蛤蜊之类讫⑪，方有诸手作人上市⑫，买卖零碎作料。饭后饮食上市，如酥蜜食、枣𪺢、澄砂团子⑬、香糖果子、蜜煎雕花之类。向晚⑭，卖何娄头面、冠梳、领抹、珍玩、动使之类。东去则徐家瓠羹店⑮。街南桑家瓦子，近北则中瓦，次里瓦。其中大小勾栏五十余座⑯。内中瓦子莲花棚、牡丹棚，里瓦子夜叉棚、象棚最大，可容数千人。自丁先现、王团子、张七圣辈，后来可有人于此作场。瓦中多有货药、卖卦、喝故衣、探搏饮食、剃剪纸画、令曲之类⑰，终日居此，不觉抵暮。

【注释】

①宣德：即宣德门。角楼：角楼是建在角台上的阁楼建筑，是城墙防御工程的重要组成设施，起瞭望和防御作用。其外壁都向城墙外壁外凸，凭楼眺望，视野开阔，可以清楚地观察敌情。②宝箓（lù）宫：宫殿名。③铺（pù）席：铺面，店铺。要闹：指街市繁华热闹之地。④夹城：是指在城墙内再修一条城墙，与原墙形成一条夹道，以方便皇帝等秘密出行，防备被刺杀。牙道：官道。⑤只：极少的。鹘（hú）：鸷鸟名。即隼。真珠疋（pǐ）帛：真珠，指珍珠。疋帛：指丝织物。⑥彩帛：彩色丝织物。⑦骇（hài）人闻见：使人目见耳闻感到震惊。同"骇人视听"。⑧市合：集市聚集。此处指开始买卖、交易。⑨平明：天亮的时候。⑩妳（nǎi）房：即乳房。肚胘（xián）：牛肚、牛胃。胘，指牛百叶。⑪蛤

蜊（gé lí）：软体动物，壳卵圆形，淡褐色，边缘紫色，生活在浅海底，有花蛤、文蛤、西施舌等诸多品种，其肉质鲜美无比。讫（qì）：完毕；终止。⑫诸手作人：各类手艺人。⑬酥蜜食：酥酪之类的甜食。枣锢（hú）：枣饼。瀲砂团子：或为豆沙馅的团子。⑭向晚：傍晚。⑮瓠（hù）羹：用瓠叶做成的菜肴。瓠：一年生草本植物，茎蔓生，夏天开白花，果实长圆形，嫩时可食。⑯瓦子：又称"勾栏""瓦肆""瓦舍"，为表演场所，以极其丰富的曲艺说唱杂技等表演为内容。在北宋汴京城里，有桑家瓦子、中瓦、里瓦以及大小勾栏50余座。勾栏：又作"勾阑"或"构栏"，是一些固定的娱乐场所，也是宋元戏曲在城邑中的主要表演场所，相当于现在的戏院和剧场。⑰货药：卖药。卖卦：占卜。喝故衣：卖旧衣服。剃剪纸画：剪纸花，一种剪纸手工艺术。令曲：演唱小令曲子。

【译文】

　　从宣德门前向东走去，可以到达东角楼，这楼阁就在皇城的东南角。由这条十字街朝南走去，便是买卖生姜的姜行。由高头街向北走去，从纱行到东华门街、晨晖门、宝箓宫，一直到旧酸枣门，一路上都是店铺相连，因此这一带是街市最繁华热闹的地方，然而宣和年间已经下令在城墙内修筑一条御用通道而拓展为夹城官道了。以此往东去是潘楼街，街南叫作"鹰店"，但这里极少有前来贩卖鹰鹘之类猛禽的客商，其余的都是买卖珍珠丝绸、香料药材的店铺。向南有一巷相通，叫作"界身"，也是金银彩帛交易的场所。这里的房屋楼宇雄伟壮美，店铺门面十分广阔，远处望去，高耸

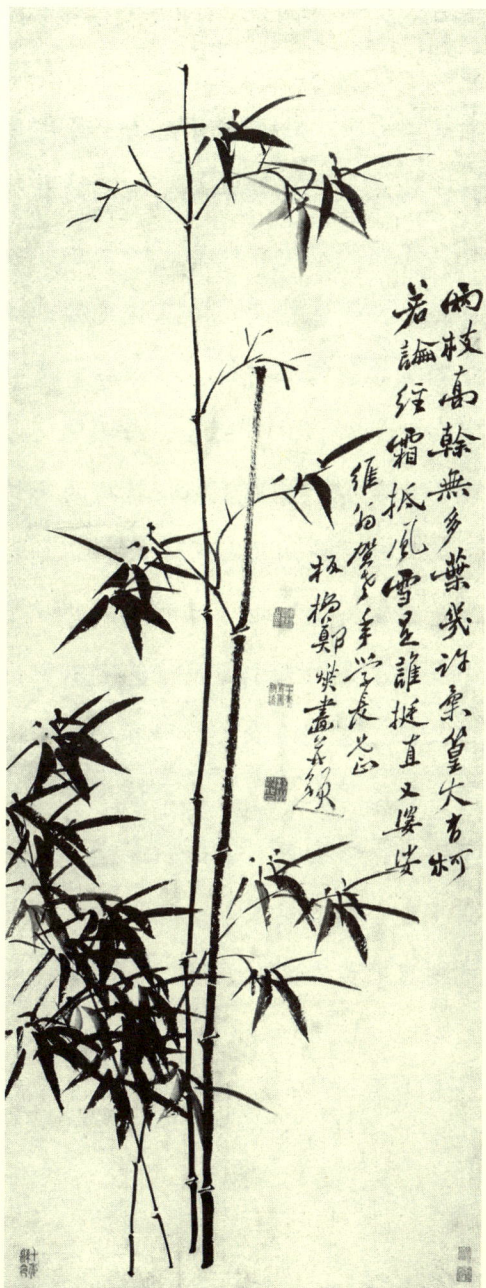

林立直插云际的样子。这里的每一笔交易，数额之大，往往动辄数以千万计，所见所闻，真是令人惊骇。往东去街巷的北面叫潘楼酒店，酒楼下每天从五更起集市就开始人流聚合进行交易，他们主要是买卖衣物、字画、珍奇玩赏之物、犀牛角、玉器之类的物品；等到天大亮时，就有人开始卖羊头、猪羊的肚肺、红白腰子、奶房、牛肚、牛百叶、鹌鹑、兔子、斑鸠、鸽子等野味，另外还有螃蟹蛤蜊之类的水产类食物，等这些交易结束收市后，才有各种手艺人纷纷上市，买卖一些零星的制作原材料。午饭后，便有各色饮食上市，种类繁多，如酥蜜食、枣饼、豆砂团子、香糖果子、蜜煎雕花之类食物。傍晚时分，就会出现卖那些用于梳妆打扮的头饰、帽子、冠梳、领口贴巾、珍奇古玩、日常使用器具之类的物品。再向东去即是徐家瓠羹店。街的南面是桑家瓦子，近旁靠北方向的就是中瓦，其次是里瓦。瓦子中有大小戏园子大约五十多座。其中以中瓦子的莲花棚、牡丹棚，里瓦子的夜叉棚、象棚为最大，可容纳数千人。自从丁先现、王团子、张七圣等人在这里表演以后，来这里的艺人也可以在这里打场献艺了。瓦子里还有很多卖药、占卦、叫卖旧衣物、买卖饮食、剪纸花、演唱流行曲子小令的各类人等。可以说，整天在这里消遣流连，不知不觉之中就到日暮黄昏的时候了。

潘楼东街巷

【原文】

潘楼东去十字街，谓之土市子，又谓之竹竿市。又东十字大街，曰从行裹角，茶坊每五更点灯①，博易买卖衣物、图画、花环、领抹之类②，至晓即散，谓之"鬼市子"。以东街北赵十万宅，街南中山正店、东榆林巷、西榆林巷。北郑皇后宅。东曲首向北墙畔单将军庙，乃单雄信墓也③。上有枣树，世传乃枣槊发芽④，生长成树。又谓之枣家子巷。又投东则旧曹门街，北山子茶坊，内有仙洞仙桥，仕女往往夜游吃茶于彼⑤。又李生菜小儿药铺、仇防御药铺。出旧曹门朱家桥瓦子。下桥南斜街、北斜街，内有泰山庙，两街有妓馆。桥头人烟市井⑥，不下州南。以东牛行街，下马刘家药铺、看牛楼酒店，亦有妓馆，一直抵新城。自土市子南去，铁屑楼酒店，皇建院街，得胜桥郑家油饼店，动二十余炉，直南抵太庙街，高阳正店，夜市尤盛。土市北去乃马行街也。人烟浩闹⑦。先至十字街，曰鹩儿市⑧，向东曰东鸡儿巷，向西曰西鸡儿巷，皆妓馆所居。近北街曰杨楼街，东曰庄楼，今改作和乐楼，楼下乃卖马市也。近北曰任店，今改作欣乐楼，对门马铛家羹店。

【注释】

①茶坊：即茶馆。②博易：贸易、交易。领抹：即是贴领巾。③单雄信：隋末唐初时期的猛将，勇武过人。隋末加入翟让的瓦岗义军反隋。后翟让被杀，李密与王世充偃师之战时，单雄信归降王世充。王世充被李世民击败后，单雄信被斩首。④枣槊（shuò）：用枣木做杆的长矛。⑤仕女：旧指贵族官僚家庭的妇女。⑥人烟市井：来往的人很多，生意也很兴隆。⑦浩闹：繁盛热闹。⑧鹩（liáo）：鹩哥儿，又叫秦吉了。全身羽毛黑色，有光泽，前额和头顶紫色。常成群聚集在树上，叫声婉转，善于模仿其他鸟叫。吃昆虫和植物种子等。

【译文】

从潘楼街向东去有一个十字街，人们叫它土市子，又叫它竹竿市。再往东去的那一条十字大街，叫从行裹角，这里的茶坊每天五更就开始点亮灯盏进行交易，比如买卖衣物、图画、花环、贴领巾之类的物件，等到天亮之时就都散去了，因此被称为"鬼市子"。再往东街走去的北面是赵十万宅，此街的南面分别是中山正店、东榆林巷、西榆林巷。北面是郑皇后宅。到了街头东拐靠北墙旁边有一座单将军庙，这就是隋末唐初时期猛将单雄信的墓地了。墓上有枣树，世间人传说那是单雄信的兵器枣木槊发芽以后而长成的枣树，因此这里又被称为枣冢子巷。由此再朝东走去就是旧曹门街了，街上的北山子茶坊，其中有仙洞和仙桥，一些贵族官宦人家的女子出来夜游之时，都喜欢在那里喝茶休憩。另外那里还有李生菜小儿药铺、仇防御药铺。出了旧曹门是朱家桥瓦子。下了桥便是南斜街、北斜街，街上有泰山庙，这两条街都有妓馆。到了桥头就能看见熙攘的人流、兴盛的市井，不亚于州南。再往东去是牛行街，这里有下马刘家药铺、看牛楼酒店，街上也有妓馆，牛行街一直抵达新城。自土市子朝南走去，是铁屑楼酒店，皇建院街，这里的得胜桥郑家油饼店，通常是同时启动二十多座火炉开工，一直朝南抵达太庙街高阳正店，这里的街上夜市格外兴盛。从土市子朝北走去，就是马行街了，这条街上更是繁盛热闹。你最先到达的十字街，叫作鹁儿市，由此向东去叫东鸡儿巷，往西去便叫西鸡儿巷，这两处都是妓馆所居之地。朝北去最邻近的街叫杨楼街，靠近东面的叫庄楼，如今已经改名叫和乐楼，楼下就是卖马匹的集市。临近北面的叫任店，如今改名叫作欣乐楼，对门正是马铠家羹店。

酒楼

凡京师酒店门首，皆缚彩楼欢门^①，唯任店入其门，一直主廊约百余步，南北天井两廊皆小阁子^②。向晚灯烛荧煌，上下相照，浓妆妓女数百，聚于主廊槏面上^③，以待酒客呼唤，望之宛若神仙。北去杨楼以北穿马行街，东西两巷，谓之大小货行，皆工作伎巧所居^④。小货行通鸡儿巷妓馆，大货行通笺纸店、白矾楼^⑤，后改为丰乐楼。宣和间，更修三层相高，五楼相向，各有飞桥栏槛^⑥，明暗相通，珠帘绣额^⑦，灯烛晃耀。初开数日，每先到者赏金旗，过一两夜则已。元夜则每一瓦陇中^⑧，皆置莲灯一盏。内西楼后来禁人登眺，以第一层下视禁中^⑨。大抵诸酒肆瓦市，不以风雨寒暑，白昼通夜，骈阗如此^⑩。州东宋门外仁和店、姜店，州西宜城楼药张四店、班楼，金梁桥下刘楼，曹门蛮王家、乳酪张家，州北八仙楼，戴楼门张八家园宅正店，郑门河王家、李七家正店，景灵宫东墙长庆楼，在京正店七十二户，此外不能遍数，其余皆谓之"脚店^⑪"，卖贵细下酒^⑫，迎接中贵饮食^⑬，则第一白厨，州西安州巷张秀，以次保康门李庆家，东鸡儿巷郭厨，郑皇后宅后宋厨，曹门砖筒李家，寺东骰子李家^⑭，黄胖家。九桥门街市酒店，彩楼相对，绣旆相招[15]，掩翳天日[16]。政和后来，景灵宫东墙下长庆楼尤盛。

【注释】

①彩楼欢门：当时用彩帛等装饰的彩棚、门窗。②小阁（gé）子：此指酒店里客人就餐的小房间。③槏：似当作"檐"。④工作伎（jì）巧：从事建筑营造的手工业者。⑤笺纸（jiān zhǐ）：意思是古时的文书用纸。白矾（fán）楼：亦作"白樊楼"，是北宋东京著名酒楼名。故址在今河南省开封市。⑥更修：重新修造。飞桥：悬在空中的桥。栏槛：又作"栏杆"。是桥梁和建筑上的安全设施，在使用中起分隔、导向的作用，使被分割区域边界明确清晰，且很具装饰意义。⑦绣额：刺绣的门额。额，指悬挂于门楣之上的牌匾。⑧元夜：即元宵节。瓦陇：屋顶上用瓦铺成的凹凸相间的行列。⑨第一层：此处的第一层指的是最高层。禁中：指皇宫。⑩骈阗（pián tián）：连续。⑪脚店：小零卖的酒店。⑫贵细下酒：名贵精细的佐酒菜肴。⑬中贵：显贵的侍从宦官。⑭骰（tóu）子：古代中国民间娱乐用来投掷的博具。⑮绣旆（pèi）：刺绣的旗旆，本意是古代旌旗末端形如燕尾的垂旒（liú），特指镶在旐（zhào）旗边幅的旗饰，引申泛指旌旗。⑯掩翳（yì）：遮蔽。天日：天空。

【译文】

凡是京城中的酒店门口，几乎都扎缚着彩帛装饰的彩棚。只有任店与众不同，进入店门，是一条直行的主廊长约百余步，南、北天井两边的走廊旁边都是一间一间的小包间。每当傍晚时分，灯笼、蜡烛纷纷燃起，上下相互映照，明亮辉煌，那时会有浓妆艳抹的妓女数百

人，都聚集在主廊廊檐下，等待酒客们的呼唤，远远望去，好像天上的仙女一般。朝北走去就是杨楼，此处往北穿过马行街，就会看见东、西两巷，人们称为大、小货行，这里居住的都是从事建筑营造和各种手艺的手工艺人。小货行连通鸡儿巷妓馆，大货行可以通往笺纸店和白矾楼。这座白矾楼后改名为丰乐楼。在宣和年间，白矾楼经过重新翻修成为三层高楼，而且周围还有五座楼遥遥相对，分别都有形态各异的飞桥与栏杆，或明或暗，相互连通，珠光闪闪的门帘与刺绣的门额，在灯烛辉光的摇曳下闪耀光芒。白矾楼刚开张的那几天，每天最先到酒店的客人就赠他金旗一面，过一两个夜晚就停止了。每遇元宵之夜，就在每一条瓦陇下，挂上莲花形的灯笼一盏，很是漂亮。里边的西楼后来禁止客人登临眺望，因为在西楼的最上一层可以俯视皇宫里面的情况。
总而言之，大抵京城中那些酒
楼、瓦子、市井，不论风雨寒
暑，白天黑夜，都连续营业。州
城东面宋门外的仁和店、姜店，
州城西面的宜城楼药张四店、班
楼，金梁桥下刘楼，曹门的蛮王
家、乳酪张家，州城北面的八仙
楼，戴楼门张八家园宅正店，郑
门河王家、李七家正店，景灵宫
东墙的长庆楼等店铺，也都是如
此繁盛。在京城里落脚的高层次
酒家能有七十二户，此外稍微次
一点规模的酒家难以逐个数清
楚，其余小零卖的酒店都叫作
"脚店"。售卖珍贵精细的菜肴，
迎接宫中显贵宦官宴饮的，都是
京城之中第一等的厨师，但这样
级别的厨艺要数京城的第一白
厨，州西安州巷的张秀，其他依
次是保康门李庆家、东鸡儿巷郭
厨，郑皇后宅后宋厨，曹门砖筒
李家，寺东骰子李家，黄胖家。

九桥门街市上的酒店，也很繁华，整条街市彩楼相对，刺绣的旌旗迎风招展，仿佛遮蔽了整个天空。到了政和年间以后，景灵宫东墙下长庆楼的生意更是兴盛。

饮食果子

【原文】

凡店内卖下酒厨子①，谓之"茶饭量酒博士"。至店中小儿子②，皆通谓之"大伯"。更有街坊妇人，腰系青花布手巾，绾危髻③，为酒客换汤斟酒，俗谓之"焌糟④"。更有百姓入酒肆，见子弟少年辈饮酒，近前小心供过使令，买物命妓⑤，取送钱物之类，谓之"闲汉"。又有向前换汤斟酒歌唱，或献果子香药之类⑥，客散得钱，谓之"厮波"。又有下等妓女，不呼自来，筵前歌唱，临时以些小钱物赠之而去，谓之"劄客"，亦谓之"打酒坐"。又有卖药或果实萝卜之类，不问酒客买与不买，散与坐客，然后得钱，谓之"撒暂"。如此处处有之。唯州桥炭张家、乳酪张家，不放前项人入店，亦不卖下酒，唯以好淹藏菜蔬，卖一色好酒。所谓茶饭者，乃百味羹、头羹、新法鹌子羹、三脆羹、二色腰子、虾蕈、鸡蕈、浑砲等羹、旋索粉玉棋子群仙羹、假河鲀、白渫虀、货鳜鱼、假元鱼、决明兜子、决明汤鬲、肉醋托胎衬肠、沙鱼两熟、紫苏鱼、假蛤蜊、白肉、夹面子茸割肉、胡饼、汤骨头乳炊羊、煎羊、闹厅羊、角炙腰子、鹅鸭排蒸、荔枝腰子、还元腰子、烧臆子、入炉细项莲花鸭签、酒炙肚胘，虚汁垂丝羊头、入炉羊、羊头签、鹅鸭签、鸡签、盘兔、炒兔、葱泼兔、假野狐、金丝肚羹、石肚羹、假炙獐、煎鹌子、生炒肺、炒蛤蜊、炒蟹、煠蟹、洗手蟹之类⑦，遂时施行索唤，不许一味有阙。或别呼索变造下酒，亦实时供应。又有外来托卖炙鸡、燠鸭、羊脚子、点羊头、脆筋巴子、姜虾、酒蟹、獐巴、鹿脯、从食蒸作、海鲜时菓、旋切萵苣生菜、西京笋⑧。又有小儿子着白虔布衫，青花手巾，挟白磁缸子，卖辣菜。又有托小盘卖干菓子，乃旋炒银杏、栗子、河北鹅梨、梨条、梨干、梨肉、胶枣、枣圈、梨圈、桃圈、核桃、肉牙枣、海红、嘉庆子、林檎旋、乌李、李子旋、樱桃煎、西京雪梨、夫梨、甘棠梨、凤栖梨、镇府浊梨、河阴石榴、河阳查子、查条、沙苑榅桲、回马孛萄、西川乳糖、狮子糖、霜蜂儿、橄榄、

温柑、绵枨金桔、龙眼、荔枝、召白藕、甘蔗、漉梨、林檎干、枝头干、芭蕉干、人面子、巴览子、榛子、榧子、虾具之类。诸般蜜煎香药、菓子罐子、党梅、柿膏儿、香药、小元儿、小腊茶、鹏沙元之类⑨。更外卖软羊诸色包子，猪羊荷包，烧肉干脯，玉板鲊犯，鲊片酱之类。其余小酒店，亦卖下酒如煎鱼、鸭子、炒鸡兔、煎燠肉、梅汁、血羹、粉羹之类。每分不过十五钱。诸酒店必有厅院，廊庑掩映⑩，排列小阁子，吊窗花竹⑪，各垂帘幕⑫，命妓歌笑，各得稳便。

【注释】

①卖下酒厨子：即掌勺的厨师。②小儿子：酒店中听候差遣的年轻男子。③绾（wǎn）危髻：将头发盘成高高的发髻。④焌糟：宋时给酒客换汤斟酒的妇女。⑤命：召唤。⑥香药：此处泛指各种芳香之物。⑦虾蕈（xùn）：这是指宋代一种茶食点心。碁（qí）子：棋子。喻指棋子形的块状物或图样。河魨（tún）：即河豚。白渫（xiè）：此处可能通"煠（zhá）"，即"炸"。鳜（guì）鱼：俗称花鲫鱼、桂鱼、鳜花鱼等，是中国特产的一种食用淡水鱼。焜（dùn）：同"炖"。炙：同"炙"，烤炙。⑧燠（āo）鸭：一种鸭肉的美食菜肴。⑨嘉庆子：蔷薇科乔木植物李的成熟果实。又称李子。林檎（qín）：一种植物，又名花红、沙果。果实卵形或近球形，黄绿色带微红，是常见的水果。查子：即山楂。榅桲（wēn po）：是一种落叶灌木或小乔木，果黄色，具芳香，适于孤植院前庭后观赏，果可食，亦可药用。字萄：即葡萄。温柑：温州产的柑子，为柑中上品。金桔：桔子的一种，又称金枣、金柑、小橘子。漉（lù）梨：一种水果。人面

子：别名人面树，银莲果，为漆树科。人面子属常绿大乔木植物，高达20余米，又是药用植物，其根皮、叶均可入药，果实可食。巴览子：即巴旦杏，也称巴旦木，是出产自世界各地、广受欢迎的一种坚果。榧（fěi）子：又名榧实、玉山果，为红豆杉科植物榧的种子。榧又名野杉，为常绿乔木，生长于山坡，野生或栽培。种子成熟后采摘，除去肉质外皮，取出种子，晒干即可入药。膔（là）茶："膔"同"腊"。即腊茶。茶的一种。以其汁泛乳色，与溶蜡相似，故也称蜡茶。⑩廊庑（wǔ）：即堂下四周的廊屋。分别而言，廊无壁，仅作通道；庑则有壁，可以住人。⑪吊窗：可推开吊起的窗扇。⑫帘幙（mù）："幙"同"幕"，即帘幕。

【译文】

　　凡在酒店内掌勺做下酒菜的厨师，都被称为"茶饭量酒博士"。至于在酒店中听使唤的年轻男子，都统统称呼他们为"大伯"。另外还有那些街坊间的妇人，腰间系着青花布手巾，头上绾起高高的发髻，来到酒店中为酒客换汤斟酒换取工钱，按照当时习俗就会称呼她们为"焌糟"。还有一些百姓来到酒店做雇工，看见那些年轻的浪子前来酒店饮酒作乐，就会走近前小心侍候，听从使唤，客人们或者命令他们拿过来一些酒食、买些物品、召唤妓女，或者为他们做一些取送钱物之类的事，这类人叫作"闲汉"。还有一些主动上前为酒客换汤、斟酒、歌唱，或者献上各色果子、香药之类物品，等到酒客筵席散去的时候能够得到一些赏钱的人，被称为"厮波"。此外，还有一些下等妓女，不等客人招呼就主动前来，到酒客筵席前为他们歌唱，酒客们高兴就临时用些零星钱物送给她们让她们离去，这种妓女被称为"刮客",也可以叫她们"打酒坐"。还有一些卖药或卖果实、萝卜之类食物的人,不论酒客买与不买,都将所卖之物一一散发给在座的酒客,然后从酒客那里得些钱物,这类人被称为"撒暂"。像这样的人在京城内的酒家里几乎处处都有,但唯独州桥炭张家、乳酪张家,不放前面所说的各种人入店,也不卖各种烹煮的下酒菜肴,只依靠自家上好的腌藏蔬菜,而且卖的全部都是清一色的好酒。人们所说的"茶饭",就是指百味羹、头羹、新法鹌子羹、三脆羹、二色腰子、虾蕈、鸡蕈、浑炮等羹,还有旋索粉玉碁子群仙羹,假河鲀、白渫齑、货鳜鱼、假元鱼、决明兜子、决明汤齑、肉醋托胎衬肠、沙鱼两熟、紫苏鱼、假蛤蜊、白肉、夹面子茸割肉、胡饼、汤骨头乳炊羊、炖羊、闹厅羊、角炙腰子、鹅鸭排蒸、荔枝腰子、还元腰

子、烧臆子、入炉细项莲花鸭签、酒炙肚胘、虚汁垂丝羊头、入炉羊、羊头签、鹅鸭签、鸡签、盘兔、炒兔、葱泼兔、假野狐、金丝肚羹、石肚羹、假炙獐、煎鹌子、生炒肺、炒蛤蜊、炒蟹、煤蟹、洗手蟹之类，随时随意点取各种菜肴，绝不会有任何一味缺少。或者另外索要其他菜肴或者临时变换新菜肴下酒，也能立时做好供应酒客。酒店中还有临时从外边进来借助酒店之地而托着盛具卖食物的，比如炙鸡、爐鸭、羊脚子、点羊头、脆筋巴子、姜虾、酒蟹、獐巴、鹿脯、蒸制的面食、海鲜、应时的水果、现切现卖的莴苣生菜、西京笋。酒店里也有年轻的男子，身穿着白虔布衫，拿着青花手巾，一手端着白瓷缸子，在这里叫卖辣菜。还有人手托小盘专卖各色干果的，就是像那些现炒的银杏果、粟子、河北鹅梨、梨条、梨干、梨肉、

胶枣、枣圈、梨圈、桃圈、核桃、肉牙枣、海红、嘉庆子、林檎旋、乌李、李子旋、樱桃煎、西京雪梨、夫梨、甘棠梨、凤栖梨、镇府浊梨、河阴石榴、河阳查子、查条、沙苑榅桲、回马葡萄、西川乳糖、狮子糖、霜蜂儿、橄榄、温柑、绵栟金桔、龙眼、荔枝、召白藕、甘蔗、漉梨、林檎干、枝头干、芭蕉干、人面子、巴览子、榛子、榧子、虾具之类。此外还有各种蜜饯香药、果子罐子、党梅、柿膏儿、香药、小元儿、小腊茶、鹏沙元之类的食物。更有对外卖的软羊诸色包子，猪羊荷包，烧肉干脯，玉板鲊犯，鲊片酱之类。其余那些小酒店，也卖各种下酒菜肴，比如煎鱼、鸭子、炒鸡兔、煎燠肉、梅汁、血羹、粉羹之类。每一份不过十五钱。各个级别的酒店都必定会有厅堂庭院，而且廊与庑相互掩映，旁边排列小包间，每个小房间都设有吊窗，窗前花竹盆景，门窗分别垂挂着绣花的垂帘帷幕，客人们可以招来妓女相陪歌唱调笑，从而各自得以享受安稳随意。

卷三

马行街北诸医铺

【原文】

马行北去，乃小货行时楼^①、大骨传药铺，直抵正系旧封丘门，两行金紫医官药铺^②。如杜金钩家，曹家，独胜元^③；山水李家口齿咽喉药；石鱼儿班防御，银孩儿柏郎中家医小儿；大鞋任家产科。其余香药铺席，官员宅舍，不欲遍记。夜市比州桥又盛百倍，车马阗拥^④，不可驻足，都人谓之"里头"。

【注释】

①乃：是，就是。②两行：即街两侧。金紫：金鱼袋及紫衣，是唐宋时候的官服及配饰。此处指官中的医官。③元：疑为"丸"。④阗（tián）：充满；填塞。

【译文】

沿着马行街向北走去，就是小货行时楼、大骨传药铺，继续往北一直抵达正对着的地方是旧封丘门，这条街道两侧都是金紫医官药铺。比如杜金钩家，曹家，胜在丸药；山水李家，主要卖口齿咽喉药；石鱼儿班防御，银孩儿柏郎中家，专门医治小孩子的病症；大鞋任家主要是针对妇人产科。其余都是各种出售香药的店铺，以及一些官员们的府宅，在这里不想一一遍记了。这里的夜市比州桥的又要兴盛百倍，每天都会车马充塞街道，十分拥挤，行人几乎无法停下脚步长久逗留，京城中人都把这里叫作"里头"。

大内西右掖门外街巷

【原文】

大内西去，右掖门祆庙①，直南浚仪桥。街西尚书省东门，至省前横街，南即御史台②。西即郊社③。省南门正对开封府后墙，省西门谓之西车子曲。史家瓠羹④、万家馒头，在京第一。次曰吴起庙⑤。出巷乃大内西角楼，大街西去踊路街，南太平兴国寺后门，北对启圣院。街以西殿前司⑥，相对清风楼、无比客店、张戴花洗面药，国太丞、张老儿、金龟儿、丑婆婆药铺，唐家酒店，直至梁门，正名阊阖⑦。出梁门西去，街北建隆观，观内东廊于道士卖齿药，都人用之。街南蔡太师宅⑧。西去州西瓦子，南自汴河岸，北抵梁门大街，亚其里瓦，约一里有余。过街北即旧宜城楼。近西去金梁桥街，西大街荆筐儿药铺、枣王家金银铺。近北巷口熟药惠民西局，西去瓮市子，乃开封府刑人之所也⑨。西去盖防御药铺，大佛寺，都亭西驿⑩，相对京城守具所。自瓮市子北去大街，班楼酒店，以北大三桥子至白虎桥，直北即卫州门。

【注释】

①掖（yè）门：宫殿正门两旁的边门。祆（xiān）庙：据说是唐代所建造，是为了供奉祆神而建。②御史台：官署名，东汉至元设置的中央监察机构。③郊社：古代祭祀天地的地方。④瓠（hù）：一年生草本植物，茎蔓生，夏天开白花，果实长圆形，嫩时可食。⑤吴起：卫国左氏人。战国初期军事家、政治家、改革家，兵家代表人物。吴起一生历仕鲁、魏、楚三国，通晓兵家、法家、儒家三家思想，在内政、军事上都有极高的成就。⑥殿前司：即殿前都指挥使司，宋代的军事机构，步兵、骑兵的直接统领机构。⑦阖闾（hé chāng）：北宋东京汴梁城门名。⑧蔡太师：蔡京，是北宋末期的大臣，官位太师，被称为蔡太师。宋徽宗曾钦赐蔡京在京城建造宅第一所，非常豪华精美。

⑨刑人：对犯人行刑，即斩首。⑩都亭：都邑中的传舍。西驿：官中西边方向的馆驿。

【译文】

从皇宫正门向西走去，出了右掖门外不远处有一座袄庙，一直朝南走就是浚仪桥，街西是尚书省的东门，到了尚书省前的横街，街南就是御史台。西面就是祭祀天地的郊社。尚书省南门正对着开封府的后墙，尚书省的西门叫西车子曲。这条街上的史家瓠羹、万家馒头，在京城中可以称得上是名列第一了。接下来的是吴起庙。出了巷口是皇宫的西角楼，顺着大街向西去是踊路街，其南面是太平兴国寺的后门，北面对着启圣院。街道以西是殿前司，与殿前司相对的是清风楼、无比客店、张戴花洗面药店，接下来是国太丞、张老儿、金龟儿、丑婆婆药铺，然后是唐家酒店，一直排列到梁门，这座梁门的正式名字叫阖闾门。出了梁门向西走去，街北面是建隆观，观内的东廊有于道士专卖治齿病之药，京城中的人有使用他的药的。街南面是太师蔡京的豪华府宅。由此向西去是州西瓦子，从州西瓦子南面的汴河岸起，向北一直抵达梁门大街，仅次于城内的里瓦，大约一里有余。过了街北就是旧宜城楼。从这附近向西去就是金梁桥街，西大街有荆筐儿药铺、枣王家金银铺。靠近北面巷口的是熟药惠民西局，再向西去是瓮市子，这里就是开封府对犯人处决行刑的地方了。从这里再往西去是盖防御药铺，大佛寺，都亭西驿，与之相对的是京城守具所。从瓮市子朝北而去的大街上有班楼酒店，再往北去就是大三桥子，到了白虎桥，一直往北就是卫州门了。

大内前州桥东街巷

【原文】

　　大内前，州桥之东，临汴河大街，曰相国寺。有桥平正如州桥[1]，与保康门相对。桥西贾家瓠羹、孙好手馒头，近南则保康门潘家黄耆圆[2]。延宁宫禁女道士观，人罕得入。街西保康门瓦子，东去沿城皆客店，南方官员商贾兵级皆于此安泊[3]。近东四圣观、袜袎巷[4]。以东城角定力院，内有朱梁高祖御容[5]。出保康门外，新建三尸庙[6]、德安公庙。南至横街，西去通御街曰麦稍巷。口以南太学东门，水柜街余家染店。以南街东法云寺，又西去横街张驸马宅，寺南佑神观后门。

【注释】

　　①平正：平整，端正。②黄耆（qí）圆：宋时店铺名称。③兵级：宋代对兵丁和节级的合称。安泊：停留。④袜袎（yào）巷：宋时街巷名称。袎：袜筒。⑤定力院：五代时期就已经存在的皇家寺院。朱梁高祖：即朱温，五代时期后梁第一位皇帝，宋州砀（dàng）山（今安徽砀山县）人。⑥三尸庙：供奉三尸神之庙。三尸：指道教的三尸神。尸者，神主之意。道教认为人体有上中下三个丹田，各有

一神驻其内，统称"三尸"，也叫三虫、三尸神、三毒。

【译文】

皇宫大内的前边，州桥以东的地方，有一条临近汴河的大街，不远处就是相国寺。在相国寺前的汴河上有一座桥，此桥像州桥一样平整端正，与保康门相对。桥的西面是贾家瓠羹、孙好手馒头店，靠近南边的就是保康门潘家黄耆圆。这里的延宁宫禁女道士观，一般人极难得以入内。街西是保康门瓦子，然后向东走去，沿着城墙一带就都是客店了，那些南方来的官员、商人、军中各级兵丁将领，都是在这里停留歇息。靠近东面的是四圣观、袜袽巷。这里以东的内城角处是皇家寺院定力院，里面有五代梁高祖朱温的画像。出了保康门外，有新建的三尸庙、德安公庙。向南能走到横街，向西去通往御街的是麦稍巷。巷口以南是太学东门，水柜街的余家染店。在这以南的街东面是法云寺，再往西去的横街是张驸马宅，法云寺南面就是佑神观的后门了。

相国寺内万姓交易

【原文】

相国寺每月五次开放，万姓交易①。大三门上皆是飞禽猫犬之类，珍禽奇兽，无所不有。第二三门皆动用什物，庭中设彩幕②，露屋义铺，卖蒲合簟席、屏帏洗漱、鞍辔弓剑③、时果、腊脯之类。近佛殿，孟家道院王道人蜜煎④、赵文秀笔，及潘谷墨占定。两廊诸寺师姑卖绣作、领抹、花朵、珠翠、头面、生色销金花样幞头⑤、帽子、特髻、冠子、絛线之类⑥。殿后资圣门前，皆书籍玩好图画⑦，及诸路散任官员土物香药之类。后廊皆日者货术、传神之类⑧。寺三门阁上并资圣门，各有金银铸罗汉五百尊、佛牙等⑨，凡有斋供，皆取旨方开。三门左右有两瓶琉璃塔，寺内有智海、惠林、宝梵、河沙、东西塔院，乃出角院舍，各有住持僧官，每遇斋会，凡饮食茶果，动使器皿，虽三五百分，莫不咄嗟而辨⑩。大殿两廊，皆国朝名公笔迹，左壁画炽盛光佛降九曜鬼百戏⑪，右壁佛降鬼子母揭盂⑫。殿庭供献乐部马队之类。大殿朵廊皆壁隐楼殿人物⑬，莫非精妙。

【注释】

①相国寺：原名建国寺，位于今开封市自由路西段，是中国著名

的佛教寺院，始建于北齐天保六年。万姓：指百姓。这里形容人极多。②动用什物：日常生活中用到的器具。彩幙：彩色的帐篷。③蒲合簟（diàn）席：蒲合，蒲草编的席子。簟席：竹席。屏帏：屏障。

鞍辔（pèi）：马鞍和驾驭牲口的缰绳。④蜜煎：即蜜饯，蜜饯也称果脯，中国民间糖蜜制水果食品。流传于各地，历史悠久。以桃、杏、李、枣或冬瓜、生姜等果蔬为原料，用糖或蜂蜜腌制后而加工制成的食品。除了作为小吃或零食直接食用外，蜜饯也可以用来放于蛋糕、饼干等点心上作为点缀。⑤师姑：尼姑。领抹：是指领系之类服饰。珠翠：珍珠翡翠一类的饰品。头面：头饰。销金：以特殊工艺在衣物上添加极薄的黄金装饰；还指用来镶嵌金色的物品。幞（fú）头：又名折上巾、软裹，是一种包裹头部的纱罗软巾。⑥特髻（jì）：用假发做的头髻，供妇女装饰用。冠子：古代贵族妇女戴的帽子。

絛（tāo）线：丝带；泛指杂色丝带丝线之类。絛：同"绦"。⑦玩好：供玩赏的奇珍异宝。⑧日者：指古代以占卜为业的人。货术：卖卜、卖卦。传神：指画像。⑨佛牙：相传释迦牟尼死后，曾留下四颗牙齿，佛教徒奉为珍宝，特予供奉。⑩斋会：禅寺在特定日期的集会。咄嗟（duō jiē）：霎时。⑪九曜（yào）：也称"九执"，指的是梵历中的九星。⑫鬼子母：鬼子母神，又称为欢喜母、暴恶母或爱子母，梵文音译"诃利帝母"。原为婆罗门教中的恶神，护法二十诸天之一，专吃人间小孩，称之为"母夜叉"。被佛法教化后，成为专司护持儿童的护法神。⑬朵廊：大殿两旁的走廊。楼殿：高大的宫殿。

【译文】

相国寺每月有五次对外开放的日子，万民百姓可以在寺庙的庙会中进行买卖交易。在寺院的大三门前，买卖的都是飞禽、猫、犬之类的动物，可以说这里各种珍禽奇兽，无所不有。到第二、三道门前，摆放的都是各类日常应用的家什物件等。寺庙的庭院中搭设起彩色的幕帐，余下的地方便是露天的铺位，那里售卖的是蒲草席、竹席、屏帏、洗漱用具、马鞍子、马缰绳、马嚼子、弓剑、时令鲜果、各种干果、腊肉之类的物品。靠近佛殿的地方，卖的是孟家道院王道人的蜜饯、赵文秀的笔以及潘谷的墨，这些物品各自占据了固定的位置。摆放在两边走廊的都是各个寺院的尼姑所卖的刺绣、领抹、花朵、珍珠翡翠、头饰、各色镶嵌金线的花样、包裹头部的纱罗软巾、帽子、假发制作而成的发髻、贵族妇人的发冠、杂色丝带丝线之类的饰物。大殿后面的资圣门前，全都是书籍、供赏玩的奇珍异宝、美图画卷，以及各路卸任的官员所贩卖的一些从各地带来的土物特产、香药、药材之类的东西。转到后廊则都是占卜算卦之人卖卦、出售各类神像等物品。相国寺的大三门阁以及资圣门大殿里，各有金铜铸的罗汉五百尊和珍贵的佛牙等，凡是有人来寺庙里做斋供之事，都要获取皇上的旨意才能打开殿门。大三门左右两边共有两座瓶状琉璃塔，寺内有智海、惠林、宝梵、河沙、东西两座塔院，是出角院舍，各院都有住持、僧官掌管院内事务。每当遇到寺中有盛大的斋会，凡是斋供所需要的饮食茶果和各种供使用的器皿等物品，即使需要三五百份，也都无不是霎时间就能备齐的。大殿两边的走廊，都是本朝著名人物的手迹，左面墙壁上画的是炽盛光佛降九曜鬼百戏图，右面墙壁上画的是佛降鬼子母揭盂图。佛殿的前庭中陈列着乐队马队之类的仪仗。大殿两侧的走廊墙壁上也都画着楼殿、人物等，所有的一切无一不是精妙绝伦。

寺东门街巷

【原文】

　　寺东门大街，皆是幞头、腰带、书籍、冠朵铺席①。丁家素茶②。寺南即录事巷妓馆③。绣巷皆师姑绣作居住。北即小甜水巷，巷内南食店甚盛④，妓馆亦多。向北李庆糟姜铺。直北出景灵宫东门前⑤。

又向北曲东税务街、高头街。姜行后巷，乃脂皮画曲妓馆。南北讲堂巷⑥，孙殿丞药铺、靴店。出界身北巷，巷口宋家生药铺⑦，铺中两壁皆李成所画山水⑧。自景灵宫东门大街向东，街北旧乾明寺，沿火改作五寺三监。以东向南曰第三条甜水巷。以东熙熙楼客店，都下着数⑨。以东街南高阳正店。向北入马行。向东街北曰车辂院⑩，南曰第二甜水巷。以东审计院⑪，以东桐树子韩家，直抵太庙前门⑫。南往观音院，乃第一条甜水巷也。太庙北入榆林巷，通曹门大街，不能遍数也。

【注释】

①铺席：店铺。②素茶：素食糕点茶品。③录事巷妓馆：妓馆的集中之处。④南食：用南方烹饪方法做成的饮食。⑤景灵宫：宋真宗皇帝"推本世系，遂祖轩辕"，以轩辕黄帝为赵姓始祖。于大中祥符五年，下诏将曲阜县更名为仙源县，将县城迁往寿丘之西，又兴建了景灵宫奉祀黄帝。⑥讲堂：儒师讲学的堂舍。⑦生药铺：药材店。生药：未制成成品药的各类药材。⑧李成：字咸熙，五代宋初画家。原籍长安（今陕西西安）。擅画山水，多画郊野平远旷阔之景。存世作品有《读碑窠（kē）石图》《寒林平野图》《晴峦萧寺图》《茂林远岫（xiù）图》等。⑨都下：京城。着数：屈指可数。⑩车辂（lù）院：官署名。⑪审计院：官署名，即审计司，宋朝粮料院所属机构。⑫太庙：天子的祖庙。

【译文】

在相国寺的东门大街，都是卖幞头、腰带、书籍、冠朵等物品的店铺。丁家素茶店也在这条街上。相国寺南面就是录事巷妓馆。绣巷全是尼姑们做刺绣活的居住之所。北面是小甜水巷，巷里边专门卖一些南方饮食的店铺很多而且生意兴盛，这个巷内的妓馆也很多。往北去就是李庆糟姜铺，再一直朝北行走出去后可以到达景灵宫的东门前。再向北折向东是税务街、高头街。到了姜行后巷，就看见脂皮画曲妓馆了。接下来是南北讲堂巷，这里有孙殿丞药铺、靴店。然后出了界身北巷，这个巷口就是宋家生药铺，在店铺中的两面墙壁上都是五代宋初画家李成所画的山水画。从景灵宫东门大街向东而去，街北是原来的乾明寺，后因失火，徽宗崇宁以后改作五寺三监。再东面，向南走去叫第三条甜水巷。再往东去就是熙熙楼客店，这客店在京城之中也是屈指可数的。再往东去，街南是高阳酒店，向北则进入马行街。然后再向东，街北便是车

辂院，南面就是第二甜水巷。再往东去便是审计院，再往东去则是桐树子韩家，这里可以径直抵达太庙前门。南面可以直接通往观音院，就到第一条甜水巷了。从太庙朝北去能直接进入榆林巷，可以通曹门大街，那里的街巷店铺众多，姑且不能在此全部记述了。

上清宫

【原文】

上清宫在新宋门里街北①，以西茆山下院②。醴泉观在东水门里③。观音院在旧宋门后太庙南门。景德寺在上清宫背，寺前有桃花洞，皆妓馆。开宝寺在旧封丘门外斜街子④，内有二十四院，惟仁王院最盛。天清寺在州北清晖桥。兴德院在金水门外。长生宫在鹿家巷。显宁寺在炭场巷北。婆台寺在陈州门里。兜率寺在红门道。地踊佛寺在州西草场巷街南⑤。十方静因院在川西油醋巷⑥。浴室院在第三条甜水巷。福田院在旧曹门外。报恩寺在卸盐巷。太和宫女道士在州西洪桥子大街。洞元观女道士在班楼北。瑶华宫在金水门外。万寿观在旧酸枣门外十王宫前。

【注释】

①上清宫：上清宫是道教名观。②茆（máo）山：山名。③醴（lǐ）

泉观：古时道观名称。④开宝寺：为北宋时期的四大皇家寺院之一。宋太祖开宝年间改名为开宝寺，北宋时期曾几次进行大规模重修。⑤地踊佛寺：又名地涌佛寺。⑥静因院：即净音院。

【译文】

上清宫在新宋门里大街的北面，往西走便是茆山下院。醴泉观就在东水门里侧。观音院在旧宋门后方太庙的南门附近。景德寺在上清宫的背面，寺院前边有一个地方叫桃花洞，里面都是妓馆。开宝寺坐落在旧封丘门外斜街子，寺内有二十四院，其中只有仁王院最为兴盛。天清寺在州城北面的清晖桥一带。兴德院在金水门外。长生宫在鹿家巷。显宁寺在炭场巷北面。婆台寺在陈州门里面。兜率寺在红门道。地踊佛寺在州城西

面草场巷街的街南。十方静因院在州城西边的油醋巷。浴室院在第三条甜水巷。福田院在旧曹门外附近。报恩寺在卸盐巷那边。太和宫女道士观在州城西面的洪桥子大街。洞元观女道士观在班楼的北面。瑶华宫在金水门外附近。万寿观在旧酸枣门外的十王宫前面。

马行街铺席

【原文】

马行北去，旧封丘门外祆庙斜街、州北瓦子。新封丘门大街，两边民户铺席，外余诸班直军营相对，至门约十余里。其余坊巷院落，纵横万数，莫知纪极①。处处拥门，各有茶坊酒店，勾肆饮食②。市井经纪之家，往往只于市店旋买饮食，不置家蔬③。北食则矾楼前李四家、段家熻物、石逢巴子④，南食则寺桥金家、九曲子周家，最为屈指。夜市直至三更尽，才五更又复开张。如要闹去处，通晓不绝⑤。寻常四梢远静去处，夜市亦有熻酸赚⑥、猪胰胡饼、和菜饼、獾儿野狐肉、果木翘羹⑦、灌肠、香糖果子之类。冬月虽大风雪阴雨，亦有夜市：剟子、姜豉、抹脏、红丝、水晶脍、煎肝脏、蛤蜊、螃蟹、胡桃、泽州饧⑧、奇豆、鹅梨、石榴、查子、榅桲⑨、糍糕、团子⑩、盐豉汤之类⑪。至三更，方有提瓶卖茶者。盖都人公私荣干^⑫，夜深方归也。

【注释】

①纪极：终极、限度。②拥门：拥挤的门户、门庭。勾肆：古代艺人的卖艺场所。③经纪：此处指经商。旋买：即买即吃。家蔬：自家烹制的菜肴。④北食：用北方的烹饪方法烹制的菜肴。爊（āo）物：用文火长时间煮。巴子：黏结成块状的食物。⑤通晓：通宵。⑥燋（zhuó）酸臛（xiàn）：燋，烧灼。酸臛，以酸菜为馅的包子。⑦果木翘羹：一种水果羹。⑧泽州饧（xíng）：一种在北宋时期，产自泽州（今晋城）的，当时风靡北宋首都东京汴梁的一种有名的食物，属于糖果类食品。⑨榅桲（wēn po）：落叶灌木或小乔木，叶卵形或长圆形，花色白，或略带淡红，果实有香气，味甘酸，供食用或药用。⑩糍（cí）糕：中国传统特色糕点。有的地方叫红豆糕。团子：用米和粉等材料做成的球形食品。⑪盐豉汤：以盐豉为调料做成的汤。盐豉：食品名，即豆豉。用黄豆煮熟霉制而成，古时候的调味品。⑫荣干：疑为"营干"，即营生、公干之意。"荣"或是因为字体相近而误。

【译文】

从马行街向北走去，来到旧封丘门外，就会看见祆庙斜街、州北瓦子。到了新封丘门大街，两边除了有一些民房住户与商家店铺以外，还有各部负责值班的禁军营地相对排列，一直到距离新封丘门约十余里的地方才终止。其余的都是一些坊街里巷、庭院民居了，彼此纵横交错，数以万计，简直无法知道边际。街市上到处都是拥挤的门庭，各处都有茶坊、酒店，以及艺人卖艺，或者叫卖饮食。街市中那些经商的人家，通常都是在街市的店铺中现买现吃各种饮食，几乎都不在家中烹制饭菜。街上售卖北方风味食品的有矾楼前李四家、段家爐物、石逢巴子，制作南方风味食品的有寺桥金家、九曲子周家，这些店铺在京城中都是首屈一指的著名商户。夜市一直到三更时分才渐渐结束，可刚到五更时又重新开张了。如果是在热闹繁华的地段，买卖则通宵不间断。平常在街道四周稍微偏远僻静的地方，夜市上也有烧烤蔬菜包子、夹脊猪肉烧饼、和菜饼、獾儿肉、野狐肉，果子翘羹，灌肠、香糖果子之类的食品卖。寒冬腊月，即使是遇到大风雪或者阴雨天，也依旧有夜市。所卖的东西有剝子、姜豉、抹脏、红丝、水晶脍、煎肝脏、蛤蜊、螃蟹、胡桃、泽州饧、奇豆、鹅梨、石榴、查子、榅桲、糍糕、团子、盐豉汤之类的饮食。到了三更时分，还有提着暖水瓶叫卖茶水的。这是因为京城中办公事或办私事的人较多，往往深夜才回来的缘故。

般载杂卖

　　东京般载车，大者曰"太平"，上有箱无盖，箱如构栏而平，板壁前出两木，长二三尺许，驾车人在中间，两手扶捉鞭绥①，驾之。前列骡或驴二十余，前后作两行；或牛五七头拽之。车两轮与箱齐，后有两斜木脚拖②，夜中间悬一铁铃，行即有声，使远来者车相避。仍于车后系驴骡二头，遇下峻险桥路，以鞭诒之，使倒坐缒车③，令缓行也。可载数十石④。官中车惟用驴差小耳。其次有"平头车"，亦如"太平车"而小。两轮前出长木作辕，木梢横一木，以独牛在辕内，项负横木，人在一边，以手牵牛鼻绳驾之。酒正店多以此载酒梢桶矣。梢桶如长水桶，面安簋口⑤，每梢三斗许，一贯五百文⑥。又有宅眷坐车子，与"平头车"大抵相似，但椶作盖⑦，及前后有构栏门、垂帘。又有独轮车，前后二人把驾，两旁两人扶拐，前有驴拽，谓之"串车"，以不用耳子转轮也。般载竹木瓦石，但无前辕，止一人或两人推之。此车往往卖糕及糕麋之类⑧，人用不中载物也⑨。平盘两轮⑩，谓之"浪子车"，唯别人拽。又有载巨石大木，只有短梯盘而无轮，谓之"痴车"，皆省人力也。又有驼骡驴驮子⑪，或皮或竹为之，如方匾竹簏，两搭背上，斛斗则用布袋驮之^⑫。

【注释】

①般载车：搬运货物的车辆。般：通"搬"。扶捉：扶持。鞭绥：鞭子的绳索。②齐：相等，相同。木脚拖：或是在车后装有下垂的木脚。③谺（xià）：通"吓"，吓唬。缒（zhuì）：同"縋"，拉拽。④石：古代的重量单位，一百二十斤为一石。⑤扊（yè）口：类似桶盖的东西。⑥斗：中国的市制容量单位，十斗为一升。贯：古代一千钱为一贯。⑦宅眷：富贵人家的女眷。椶（zōng）：同"棕"，指棕榈树。棕榈是一种常绿乔木，茎直立不分枝，叶大，木材可制器具，通称"棕树"。⑧糕糜（mí）：用米粉制成的糕。⑨中（zhòng）：适宜。⑩平盘：车的底盘。⑪驮（duò）子：捆扎成垛供驮运的货物和行李。⑫簏（cuō）：笼子形状的盛物器具。斛斗（dǒu）：斛和斗都是计算粮食的量器，有时也作粮食的代称。驮：原刊本作"驼"，疑为"驮"之误。

【译文】

东京城里承揽搬载货物的车辆很多，大的叫"太平车"，车上有车厢而没有车盖，车厢就像栏杆状而平整。车厢的板壁前面直直地伸出两根木档，长约二三尺左右，驾车人正好在木档中间，两手分别握着长鞭和缰绳驾驭这辆大车。车身前是排列有序的骡子或驴二十余头，前后分成两行，或者是用五到七头牛一起拉车。大车两边的车轮与车厢一样高，车后装有两块斜木脚拖，夜晚行车的时候在木脚拖中间悬挂一只铁铃，车在行驶的时候就会发出清脆的铃声，这样可以使远处来往的车辆听到声音而及时互相避让。还要在车辆的后身系上两头驴或骡子，每当遇到下行陡峻的道路或危险的桥梁时，就挥起鞭子吓唬它们，使它们使劲倒退拉拽这辆车子，使车速减慢而能够稳稳地行驶。这样的大车可以装载数十石重的物件。官府中使用的车一般只用驴来拉车，只因那车略小一些而已。其次，还有一种车叫"平头车"，形制如同"太平车"，但是要相对小一些。这样的车两轮的前面分别向前伸出两根长木当作车辕木，然后在直木的末梢横置一根木档固定，把一头牛套在车辕内，再用牛的脖颈负担起这根横木，这时驾车人只需在一边用手牵着牛鼻绳驾车就可以了。酒店多数都使用这样的"平头车"运载酒梢桶。这酒梢桶很像长水桶，上面安装一个届口，每个梢桶能盛三斗多酒，而每一梢桶酒需要一贯五百文才能买回来。京城中还有一种是富贵人家的女眷乘坐的车子，与"平头车"大抵相似，不过这样的车却是用棕榈作车盖，而且车厢的前后都有栏杆门可以上下车，门

上垂挂着门帘。还有一种是独轮车，前后有两个人把住车架，两旁有两个人扶住车拐，同时前面还有驴在拉拽，这就叫作"串车"，因为这样的车不用耳子转轮。这样的车一般都是用来搬装运载诸如竹器、树木、砖瓦、石料这样的少量货物。但是像那种前边没有车辕的车，就只能是一人或两人一起推车了。这样的车往往是卖糕及糕麋之类食品的人才使用，就算人们想使用它时，也不适宜装载过重的物品。那种只有平整车板的两轮车，叫作"浪子车"，这种车只用人拉拽就行了。还有一种能够装载巨石和运送大木料的，这是只有短梯盘而没有高大车轮的车，叫作"痴车"，这些车都是为了节省人力而制作的。还有一种用于骆驼、骡子、驴驮运的驮子，是或者用皮革、或用竹子做成的，如同方匾、竹笼子一样的器具，以便搭在牲口脊背的两旁，如果是运送粮食就用布袋驮运。

都市钱陌

都市钱陌^①，官用七十七，街市通用七十五，鱼肉菜七十二陌，金银七十四，珠珍^②、雇婢妮、买虫蚁六十八^③，文字五十六陌^④。行市各有长短使用^⑤。

【注释】

①钱陌：即百钱。本为一百文的钱串，后成为钱的计量单位，名为一陌而实则不足一百文。②珠珍：珠宝。③虫（chóng）蚁：小虫的通称。"虫"通"虫"。④文字：此处指代写书信一类的东西。⑤行市：同行业间所公定的市价。

【译文】

京都集市上的货币交易，使用钱陌为计量单位，但实际上官府使用时都是以七十七钱为一陌，而在街市

中通用七十五钱为一陌，买卖鱼、肉、菜之类食物的时候都以七十二钱为一陌，在金银买卖的时候都是以七十四钱为一陌，珠宝交易、雇用婢女、买卖各类小虫的时候就要以六十八钱为一陌，在文字交易的时候以五十六钱为一陌。因此说，在货币交易的过程中，各行各业所制定的使有规范各有多少的区分。

雇觅人力

【原文】

凡雇觅人力①，干当人②、酒食作匠之类③，各有行老供雇④。觅女使，即有引至牙人⑤。

【注释】

①雇觅：寻觅，雇用。②干当人：又称干人，宋朝民户中的富豪和官户往往豢养干人，以经营田庄、放高利贷、收租、管理仓库等。干人与主人之间尊卑关系非常严格，对于主人的某些犯罪行为，干人无权告发。③酒食作匠：烹饪厨师和从事各种手艺的工匠。④行老：专门给人介绍工作的人。供雇：推荐被雇佣者。⑤女使：女仆。牙人：又称"牙侩"，古代居于买方与卖方之间，从中撮合，以获取佣金的人。

【译文】

凡是想寻觅雇佣人力为自己效劳的，比如雇佣干当人、酒席厨师、手工制作之类的艺匠等等，分别都有行老从中介绍一些被雇佣者。如果是寻找女仆，就会有专门负责引荐的牙人前来推荐。

防火

【原文】

每坊巷三百步许，有军巡铺屋一所①，铺兵五人，夜间巡警，收领公事②。又于高处砖砌望火楼，楼上有人卓望③。下有官屋数间，屯驻军兵百余人，及有救火家事④，谓如大小桶、洒子、麻搭、斧锯、梯子、火叉、大索、铁猫儿之类⑤。每遇有遗火去处，则有马军奔报军厢主⑥、马步军殿前三衙、开封府，各领军级扑灭，不劳百姓。

【注释】

①军巡铺：防盗防火的哨所。②巡警：巡逻警戒。收领公事：拘捕犯人。③卓望：瞭望；登高远望。④家事：此处的"家事"通"家什"。指救火的各种用具。⑤洒子：洒水的用具。麻搭：一种在长柄顶端有铁钩的灭火工具。火叉：拨火的铁叉。大索：大长绳子。铁猫

儿：救火用的铁钩子之类的东西。⑥军厢主：军、厢一级的统兵官。军、厢为古代军队的编制单位。

【译文】

京城中的每一条街坊里巷，都是每隔三百步左右就设有一个军巡铺的房屋一所，里面配有兵丁五人，主要负责夜间的巡逻警戒，拘捕犯人。还要在地势高的地方用砖石砌筑瞭望火情的望火楼，楼上时刻有人登高远望。望火楼下有官房数间，屯聚驻扎兵士一百多人，以及备有各种救火的器材用具，比如大小水桶、洒子、麻搭、斧锯、梯子、火叉、大索、铁猫儿之类。每当遇到哪个地方有失火的情况，就会有骑兵快马飞奔迅速报告给统兵官、马步军殿前三衙以及开封府，他们各自带领各级军士火速前去扑灭火灾，而不轻易劳烦百姓的人力。

天晓诸人入市

【原文】

每日交五更，诸寺院行者打铁牌子或木鱼，循门报晓①，亦各分地分，日间求化②。诸趁朝入市之人③，闻此而起。诸门桥市井已开，如瓠羹店门首坐一小儿，叫"饶骨头"，间有灌肺及炒肺。酒店多点灯烛沽卖④，每分不过二十文，并粥饭点心。亦间或有卖洗面水，煎点汤茶药者⑤，直至天明。其杀猪羊作坊，每人担猪羊及车子上市，动即百数。如果木亦集于朱雀门外，及州桥之西，谓之果子行。纸画儿亦在彼处行贩不绝。其卖麦面，每秤作一布袋，谓之"一宛"；或三五秤作一宛，用太平车或驴马驮之，从城外守门入城货卖，至天明不绝。更有御街州桥至南内前⑥。趁朝卖药及饮食者⑦，吟叫百端。

【注释】

①行者：佛寺中服杂役而未剃发出家者的通称。铁牌子：铁质的作标志用的特制薄板。②地分：地域、地区。求化：请求布施；化

缘。③趋（qū）：同"趋"。朝向、奔向。④沽（gū）卖：出售。多指售酒。⑤煎点：油煎的点心。一种烹调方法。⑥守门：等候开门。南内：皇宫大内的南面。⑦趁（chèn）朝：趁早。"趁"同"趁"。

【译文】

每天天交五更时分，各个寺院的行者就开始敲打着铁牌子或木鱼，沿着各家门户的外边敲更报晓，这些行者报晓也是各分地段的，白天则化缘请求布施。那些赶早早进入集市买卖的人，听到报晓声就立即起身准备出发。那时候，各个城门、吊桥、集市都已经开放，比如瓠羹店门口就会坐着一个小伙计售卖食物，叫"饶骨头"，有时也卖灌肺及炒肺。此时酒店大多都点着灯盏而借着烛光卖酒，每份不过二十文钱，而且还包括粥饭和点心。集市上间或也有卖洗面水、煎点、汤茶、药的，一直到天亮。那些杀猪宰羊的作坊，每个人都挑着宰杀以后的猪羊，或者将猪羊装在车子上带到集市，每天载入京城售卖的猪羊动辄数以百计。诸如那些果木产品则集中在朱雀门外以及州桥西面买卖，那里被称作果子行。各种纸画儿也在那里交易，来往的商贩络绎不绝。那些卖麦制面粉的，每一秤便装一布袋，称为"一宛"，或者以三五秤作为一宛的，就需要用太平车或驴马驮运它们了，每天商贩们从城外等候开城门到入城售卖，直到天明连续不断。更有从御街州桥到皇宫大内南门外的这一地段，那些趁着早朝时间入市卖药材以及各种饮食的人，四面八方而起的吟唱叫卖声此起彼伏，真是百般热闹。

诸色杂卖

【原文】

若养马，则有两人日供切草；养犬则供饧糟①；养猫则供猫食并小鱼。其锢路钉铰箍桶②、修整动使、掌鞋刷腰带、修幞头帽子、补角冠③。日供打香印者④，则管定铺席、人家牌额，时节即印施佛像等。其供人家打水者，各有地分坊巷。及有使漆、打钗环、荷大斧斫柴⑤、换扇子柄、供香饼子炭团⑥，夏月则有洗毡淘井者，举意皆在目前⑦。或军营放停乐人⑧，动鼓乐于空闲，就坊巷引小儿妇女观看，散糖果子之类，谓之"卖梅子"，又谓之"把街"。每日如宅舍宫院前，则有就门卖羊肉头肚、腰子、白肠、鹑、兔、鱼、虾、退毛鸡鸭、蛤蜊、螃蟹、杂熓⑨、香药果子。博卖冠梳⑩、领抹、头面、衣着、动使铜铁器、衣箱、磁器之类⑪。亦有扑上件物事者，谓之"勘宅"。其后街或闲空处，团转盖局屋，向背聚居，谓之"院子"，皆小民居止，每日卖蒸梨枣、黄糕麋、宿蒸饼、发牙豆之类⑫。每遇春时，官中差人夫监淘在城渠⑬，别开坑盛淘出者泥，谓之"泥盆"。候官差人来检视了方盖覆。夜间出入，月黑宜照管也。

【注释】

①饧（xíng）糟：做麦芽糖剩下的渣子。饧：指糖稀，也指糖块、面剂子等变软。②锢（gù）路：同"锢露"，用熔化的金属堵塞金属物品的漏洞；焊补已损坏的金属器皿。钉铰（jiǎo）：指洗镜、补锅、锔（jū）碗等。③动使：指日常使用的器具。角冠：道冠。④打香印：用模子印制盘香。⑤使漆：做油漆活儿。斫（zhuó）：砍。⑥扇子：此处指用竹子一类东西编织的门和帷帘，也泛指门。香饼子炭团：用炭屑和香料制成的供焚香用的饼团。⑦洗毡（zhān）：洗涤毛织物。举意：随时。⑧放停：聚集、陈列。⑨杂熓（yù）：一种腌藏食品。熓：将肉类在油中熬熟，拌以盐、酒和佐料，油渍在瓮中，以备取食。⑩博卖：同"扑卖"。是以物作为媒介，以钱作博具（以钱的正、反面定胜负）的一种赌博。⑪磁器：瓷器。⑫宿蒸饼：即指隔夜的已蒸好的馒头。发牙豆：豆类发芽的蔬菜。牙：通"芽"。

⑬人夫：旧时指受雇用或被征发服差役的人。也作"人伕"。

【译文】

如果养马，就有两个人每天供给马匹切割好的草料；养狗就供给它饲糟；养猫就供应猫食和小鱼。京城中还有那些焊补金属器皿的、洗镜补锅的、箍桶的，整治修理日常用具的、打鞋掌换鞋帮的、刷腰带的、修幞头缝补帽子的、修补道冠的匠人。每天供应印制盘香的，则都予以提供固定的店铺以及给他们发放经营牌额，每逢四时节令，即有人印制并施送佛像等物品。那些专门为人家打水的商贩，各自有清晰划分的地段和街巷。另外还有一些专做油漆活计的、打制钗头耳环的、扛大斧为人家劈柴的、更换门帘窗扇木柄的、供应香饼子炭团的手艺人。夏天还有专为人家清洗毡毯、淘井的，不管你想雇

用哪种手艺人，随时都能在眼前找到。有的军营聚集一些能歌善舞之人，在空闲之余吹打鼓乐，到街坊里巷吸引小孩妇女来观看，他们就会散发一些糖果点心之类，这叫"卖梅子"，又叫"把街"。每天到那些富家宅邸院落或者是宫院前面的街市上，就能看见有人上门售卖羊肉头肚、腰子、白肠、鹌鹑、兔、鱼、虾、退毛鸡鸭、蛤蜊、螃蟹、各种腌制肉食、香药果子等食物。还有的商贩以钱币作赌具，赌卖冠梳、领抹、头面、衣着、日常使用的铜铁器、衣箱、瓷器之类的东西。也有直接赌以上这些物件的，这就叫"勘宅"。人们在京城稍微背静的后街或空闲之处的四周圈地盖起了简陋的房屋，有的门户相向而居，有的门户相背比邻而居，如此聚居在一起，人们称为"院子"，这些都是以小民百姓居住为主。他们每天卖一些蒸梨枣、黄糕麋、宿蒸饼、发芽豆之类的食物。每当到了春天的时候，官府中派遣差役来此监督疏浚城中的河渠，另外在附近挖一两个大深坑以装盛挖出的河泥，这就叫"泥盆"。然后要等候官府差人来检视后才能将这些泥坑封盖起来。这样夜间有人出入，月黑之夜宜于照管。

军头司

【原文】

军头司每旬休①，按阅内等子②、相扑手、剑棒手格斗。诸军营殿前指挥使直，在禁中有左右班，内殿直、散员、散都头、散直、散指挥；御龙左右直，系打御从物，御龙骨朵子直、弓箭直、弩直、习驭直、骑御马、钩容直。招箭班、金枪班、银枪班，殿侍诸军东西五班，常入祗候，每日教阅野战。每遇诸路解到武艺人③，对御格斗。天武、捧日、龙卫、神卫，各二十指挥，谓之上四军④，不出戍。骁骑、云骑、拱圣、龙猛、龙骑，各十指挥。殿前司、步军司有虎翼各二十指挥。虎翼水军、宣武，各十五指挥。神勇、广勇，各十指挥。飞山、床子弩⑤、雄武、广固等指挥，诸司则宣效六军，武肃、武和、街道司诸司，诸军指挥动以百数。诸宫观宅院⑥，各有清卫厢军禁军剩员十指挥。其余工匠、修内司、八作司、广固作坊、后苑作坊、书艺局、绫锦院、文绣院、内酒坊、法酒库、牛羊司、油醋库、仪鸾司、翰林司、喝探、武严、辇官、车子院、皇城官亲从官、亲事官、上下宫皇城黄皂院子、涤除，各有指挥。记省不尽⑦。

【注释】

①军头司：官署名，皇帝外出时如遇陈诉，负责问明情况并回奏。旬休：唐宋官员每十日休息一日，称旬休。②阅内：考核、检阅。等子：宋朝担任御前仪卫的军职人员中有等子，如果有官员犯罪，由等子簇拥着朝见。③解：地方推荐发送。④上四军：即上禁军。北宋禁军月俸禄为一贯现金的人，称为上禁军，上禁军仅有天武、捧日、龙卫、神卫四军，故称上四军。⑤床子弩（nǔ）：带木架的大弩。这种弩是弩箭武器的登峰造极之作，是依靠几张弓的合力将一支箭射出，往往要几十人转动轮轴才可拉开，射程可达 500 米以上。⑥宫观：供皇帝游乐的宫馆。⑦记省：记志省识；回忆，追忆。

【译文】

军头司每十天就有一个休息日，然后按时到

各军中检阅所属范围内的等子、相扑手、剑棒手进行格斗训练。各军营殿前指挥使直，在宫中值守各有左右两个班次，其中有内殿直、散员、散都头、散直、散指挥；御龙左右直，就是在皇帝出行的时候进行护卫并且持举各种仪仗的直属，其中包括御龙骨朵子直、弓箭直、弩直、习驭直、骑御马、钩容直。招箭班、金枪班、银枪班，殿前司、侍卫司所属诸军东西五班，经常被召入宫中听候命令，那么他们就需要每天接受教习和检阅，进行野战训练。每逢有各地的地方官举送武艺人进京，就要在皇帝面前与他们对战格斗。天武、捧日、龙卫、神卫四军，各有部属二十指挥，被称为上四军，他们不用离京戍守边境。骁骑、云骑、拱圣、龙猛、龙骑诸军，各有部属十指挥。殿前司、步军司统领虎翼军各二十指挥。虎翼水军、宣武军，各自统领十五指挥。神勇军、广勇军各统领十指挥。飞山、床子弩、雄武、广固等指挥，各司属与其他六军都要听从朝廷宣诏差遣而尽忠效命。武肃军、武和军、街道司等诸多司属，各军的所属指挥，常常是一出动就有数以百计之多。各处的宫观宅院，也都分别有清卫、厢军、禁军剩员十指挥。其余的诸如工匠、修内司、八作司、广固作坊、后苑作坊、书艺局、绫锦院、文绣院、内酒坊、法酒库、牛羊司、油醋库、仪鸾司、翰林司、喝探、武严、辇官、车子院、皇城官亲从官、亲事官、上下宫皇城黄皂院子、涤除等司属，各自都有所属指挥。回忆过去，尽管一番记志省识，愧不能详尽记录下来。

皇太子纳妃

【原文】

皇太子纳妃，卤部仪仗^①，宴乐仪卫^②。妃乘厌翟车^③，车上设紫色团盖，四柱维幕^④，四垂大带，四马驾之。

【注释】

①卤（lǔ）部：即卤簿。古代帝王御驾出行时随从的仪仗队。②宴乐（yuè）：宴饮作乐。仪卫：仪仗队与卫士的统称，文的称仪，武的称卫。③厌翟（dí）车：王后、皇妃、公主所乘的车。因用翟羽遮挡，故称之。翟，即雉鸟。④团盖：圆形的车盖。维幕：悬挂起来用于遮挡的大块布、绸、丝绒等。

【译文】

皇太子纳娶妃子时的典礼非常隆重，那时会使用皇家的卤簿仪仗，吹奏皇家喜庆宴飨专用的宴乐，还有威仪的皇家仪仗侍卫。此时，太子妃乘坐在华丽的厌翟车中，车上设有紫色的圆形车盖，顺着车厢的四柱悬垂下来的是丝绸帷幕，四角垂挂着长长的玉带，由四匹高头大马稳稳地驾车缓步而行。

公主出降

【原文】

公主出降①，亦设仪仗、行幕、步障、水路②。凡亲王公主出则有之③。皆系街道司兵级数十人，各执扫具、镀金银水桶④，前导洒之，名曰"水路"。用檐床数百铺设房卧，并紫衫卷脚幞头天武官抬舁⑤。又有宫嫔数十，皆真珠钗插、吊朵、玲珑簇罗头面⑥，红罗销金袍帔⑦，乘马双控双搭，青盖前导，谓之"短镫"⑧。前后用红罗销金掌扇遮簇⑨，乘金铜裙檐子，覆以剪棕⑩，朱红梁脊，上列渗金铜铸云凤花朵。檐子约高五尺许，深八尺，阔四尺许，内容六人，四维垂绣额珠帘，白藤间花。匡箱之外，两壁出栏槛，皆缕金花装雕木人物神仙。出队两竿十二人，竿前后皆设绿丝绦，金鱼勾子勾定⑪。

【注释】

①出降：出嫁。帝王位尊而高贵，其女出嫁，故称降。②行幕：出行时使用的帐幕。步障：用以遮蔽风尘或视线的一种屏幕。③亲王：皇帝的宗室被封王的人。④执：拿着。⑤抬舁（yú）：扛抬。⑥宫嫔：此指宫女。真珠：珍珠首饰。吊朵：一种头饰。簇罗头

面：一种妇女头饰。⑦销金袍帔（pèi）：镶嵌金丝装饰的长披肩。⑧镫（dèng）：挂在鞍子两旁供脚登的东西。多用铜铁制成。⑨掌扇：古代仪仗中障尘蔽日的用具，也叫"障扇"。通常是一种长柄的大号扇子，由人举着。⑩椶（zōng）：同"棕"。⑪勾子：钩子。

【译文】

公主出嫁的典礼十分隆重，也设有仪仗、行幕、步障、水路。凡是亲王的公主出嫁，就都有这样的仪礼。所谓的"水路"，就是全部由街道司所管辖的各级兵士数十人，分别拿着洒扫用具以及镀金的银水桶，在仪仗队即将经过的道路前边进行清扫、洒水开道，这就叫"水路"。仪仗队所使用的檐床（担架）有上百，上面铺

陈着妆奁等嫁妆，并由身穿紫衫、头戴卷脚幞头的上四军天武军官兵做扛抬之人。另外还有宫女数十名，全都是发髻上佩戴珍珠翡翠的钗插、吊朵、花团锦簇的罗织头饰，身上披着红罗嵌金长披肩，所骑乘的马匹两两前行、双双配合，有人手执青色伞盖在前边引导而行，这叫作"短镫"。整个出嫁队伍前前后后都有人举着障尘蔽日的红罗销金掌扇，簇拥着前行，此时的公主乘坐着镶金嵌铜的豪华檐子（肩舆之类，用竿抬），檐子顶部用精心修剪过的棕榈覆盖，并且配有朱红色的梁柱、檐脊，上面排列着渗金铜铸的云凤花朵。那华贵的檐子大约有五尺多高，纵深八尺，宽有四尺左右，里面能容纳六个人。檐子的四面都垂挂着绣额珠帘，空白之处绣有蜿蜒的藤蔓点缀着鲜亮的花朵。檐子的框厢外面，有两面挡壁高出栏杆，上面都镂刻着金花，装饰着雕刻的木质人物或是神仙图案。抬着檐子竿的十二人分列成两队，竿前竿后都设置了绿色丝带，分别用金鱼状的钩子勾住。

皇后出乘舆

【原文】

　　皇太后、皇后出乘者谓之"舆"①，比檐子稍增广，花样皆龙，前后簷皆剪楼②。仪仗与驾出相似而少，仍无驾头警跸耳③。士庶家与贵家婚嫁④，亦乘檐子，只无脊上铜凤花朵。左右两军，自有假赁所在⑤。以至从人衫帽、衣服从物，俱可赁，不须借借⑥。余命妇王宫士庶⑦，通乘坐车子⑧，如檐子样制，亦可容六人，前后有小勾栏，底下轴贯两挟朱轮，前出长辕，约七八尺，独牛驾之，亦可假赁。

【注释】

①舆（yú）：古时候的代步工具。用牲畜拉动的叫舆车；用人力抬行的叫肩舆。②簷（yán）：通"檐"。这里指覆盖物的边沿或伸出的部分。椶（zōng）：同"棕"。③驾出：这里指皇帝驾车出行。驾头：宋代皇帝出行时仪仗队的名目之一。警跸（bì）：为古代帝王出入时清道止行。左右侍卫为

警，止人清道为跸。④士庶：士人与百姓。⑤左右两军：这里指婚嫁迎娶中的仪仗队。假赁（jiǎ lìn）：借，租借。⑥借借（jiè）：意思是借取置办。⑦命妇：封建时代享有封号的妇女。⑧通：全部。

【译文】

　　皇太后、皇后出行乘坐的叫作"舆"。比檐子稍微增大了一些，舆上所装饰的雕花绘制的图案全都是龙，舆的前后檐都覆盖着精心修剪过的棕榈。她们出行时所用的仪仗队伍与皇帝车驾出行时的仪仗相似，只不过是陪行的人数略少一些，而且没有驾头、警跸随行罢了。一般官员与百姓人家以及富贵之家有婚嫁之事的时候，也乘坐檐子，只是檐子梁脊上没有雕饰的铜凤、花朵而已。婚嫁时侍奉在檐子左右两边的仪仗，自有可以租赁的地方，甚至是随从、人役所穿戴的衫帽、衣服上所佩戴的一切应用之物，都可以租赁而来，不必自己到处借取置办。其他诸如朝廷命妇、王公大臣、士人百姓，都可以乘坐车子出行，车子的样子制式如同檐子一样，也可容纳六人，车子的前后都有小栏杆，车厢底下有一根长轴横贯车身两边并钳住朱红色的车轮，在车子的前边伸出两根长长的车辕，大约七八尺，用一头牛驾车，这样的车也可以租赁使用。

杂赁

【原文】

若凶事出殡^①，自上而下，凶肆各有体例^②。如方相^③、车轝、结络^④、彩帛，皆有定价，不须劳力。寻常出街市干事^⑤，稍似路远倦行，逐坊巷桥市，自有假赁鞍马者，不过百钱。

【注释】

①凶事：本义不祥之事。这里指死人的丧事。②凶肆：出售丧葬用品的店铺。体例：办事的规矩。③方相：传说是古代神话中的逐疫驱鬼之神，方相神的形象特征为头长双角，鼓目龇（zī）牙，满脸凶相。④轝（yú）："轝"同"舆"，泛指车辆。结络：编织成的网状物。⑤干事：办事。

【译文】

如果谁家遇到有人死了，需要举办出殡的丧事，那么从上到下所需要的各种物品，在专售丧葬用品的店铺都有可循的办事规矩。比如送葬所需的方相、车舆、结络、彩帛，都有规定的价格，无须烦神费力。另外，人们平常穿街走巷去办事，如果路程稍微远一些倦于行走，那么街坊里巷或者是桥头集市，自有可以租赁鞍马的地方，而所用花费不超过一百钱。

修整杂货及斋僧请道

【原文】

倘欲修整屋宇[①]，泥补墙壁；生辰忌日[②]，欲设斋僧尼道士[③]，即早辰桥市街巷口[④]，皆有木竹匠人，谓之"杂货工匠"，以至杂作人夫[⑤]，道士僧人，罗立会聚，候人请唤[⑥]，谓之"罗斋"。竹木作料，亦有铺席。砖瓦泥匠，随手即就。

【注释】

①倘（tǎng）：同"倘"。倘若。②忌日：旧时父母死亡之日禁饮酒作乐，称为忌日。③设斋：指僧人道士或其信徒诵经拜忏、祷祀求福等活动。④早辰：早晨。⑤杂作：各种技艺。人夫：旧时指受雇用或被征发服差役的人。也作"人伕"。此指受雇用的民夫，如脚夫，挑夫等。⑥请唤：请召呼唤。

【译文】

倘若你想修整房屋，用草泥修补墙壁；或者是家里有生辰、忌日之事，打算设斋请僧尼、道士做法事，那么就可以在早晨的时候到桥市、街巷口去寻找，那里都能有会做木竹活计的匠人，他们被称为"杂货工匠"，还可以到那里找到会各种手艺的雇工，以及道士和僧人等，他们都在那里聚集环立，等候有人来请召呼唤，这样的人被称为"罗斋"。至于日常建造所需的竹木等制作材料，也有专门的店铺。而砖瓦泥匠等，也能随手就可以召到近前。

筵会假赁

【原文】

凡民间吉凶筵会①，椅卓陈设②，器皿合盘，酒檐动使之类，自有茶酒司管赁③。喫食下酒④，自有厨司。以至托盘，下请书，

安排坐次，尊前执事⑤，歌说劝酒，谓之"白席人⑥"。总谓之"四司人⑦"，欲就园馆亭榭寺院游赏命客之类，举意便办，亦各有地分，承揽排备，自有则例，亦不敢过越取钱⑧。虽百十分，厅馆整肃⑨，主人只出钱而已，不用费力。

【注释】

①吉凶：指喜事、丧事。②卓：同"桌"。③茶酒司：四司六局之一，主管宴席上茶、酒的供应等事。④喫（chī）：同"吃"。下酒：这里指下酒的菜肴和果品。⑤请书：请帖。尊前：在酒樽之前。指酒筵上。⑥白席人：指古代北方民间宴席上相礼、供杂役的人，他们负责在酒宴上唱礼待客，可以不用花钱就能混一顿饭吃，故而被称为"白席"或"白席人"。⑦四司人：北宋时期达官贵人的府中专门设有负责招待宾客宴饮的人，称为四司六局，但与官署中的四司六局不同。⑧过越：意思是过

分；超越本分。⑨整肃：整顿、整理。

【译文】

　　凡是民间操办婚嫁喜宴或者丧葬宴会的时候，宴会所需的桌椅以及相应陈设，各种碗碟盒盘等器皿，或者是酒担及其他日常应用的器物，自然会有茶酒司掌管租赁筹备。至于吃喝的饭食以及下酒菜肴，自有厨司负责料理。以至那些负责托盘送东西，发送请帖，安排宾客坐次，在酒筵之上负责招待，呼喝唱礼、巧言劝酒的人，被称为"白席人"。以上这些人统称为"四司人"。如果想到园池馆舍、亭台楼榭或者去寺庙庭院游玩观赏、宴请宾客之类，找到这些人随时即可办妥。但他们之间也有各自的地段之分，有专门从事这类事务的人承揽安排准备，而且都有一定的细则例规，受雇者谁也不敢过分向人索取银钱。如此操办宴席，即使有百十份，组厅堂楼馆的整理安排，主人只管出钱就可以了，不必自己劳神费力就能顺利办妥。

会仙酒楼

【原文】

　　如州东仁和店，新门里会仙楼正店，常有百十分厅馆动使，各各足备，不尚少阙一件①。大抵都人风俗奢侈，度量稍宽②，凡酒店中，不问何人，止两人对坐饮酒，亦须用注碗一副③，盘盏两副，果菜楪各五片④，水菜椀三五只⑤，即银近百两矣。虽一人独饮，盌遂亦用银盂之类⑥，其果子菜蔬，无非精洁⑦。若别要下酒，即使人外买软羊、龟背、大小骨、诸色包子、玉板鲊⑧、生削巴子、瓜姜之类。

【注释】

①各各：样样。阙：通"缺"，缺少。②奢侈（shē chǐ）：是指挥霍浪费钱财，过分追求享受。度量：计量长短、容积轻重的统称。这里指规格、标准。③注碗：碗状饮酒用具。④楪（dié）：器皿名。底平浅，比盘子小，多用于盛食物。⑤水菜：指各类新鲜蔬菜。椀（wǎn）：本义木碗。这里同"碗"。⑥盌（wǎn）：大口小腹的容器，同"碗"。⑦精洁：精致洁净。⑧鲊（zhǎ）：一种用盐和红曲腌的鱼。

【译文】

像州东著名的仁和酒店，以及旧城新门里的会仙楼大酒店，通常会有百十份厅堂楼馆所使用的日常器具，样样充足齐备，尚没有缺少过一件。大抵是因为京城中人的风俗习性追求奢华的享受，消费的规格略显宽裕的缘故，凡是在酒店中饮食的，不管是什么人，哪怕是只有两个人一起对坐饮酒，也必须用注碗一副，盘盏两副，果、菜碟各五只，各种新鲜蔬菜三五碗，这样一来，他们可就要花费将近一百两纹银了。有时即使是一个人来此处独自饮酒，他们所用的碗具也是银盂之类的贵重器皿，他们所食用的果子和菜蔬，也都是没有一样不精致洁净的。如果客人另外添加特别的下酒菜肴而本店没有，店家就会派人到外面去买，诸如软羊、龟背、大小骨、诸色包子、玉板鲊、生削巴子、瓜姜之类的食物。

食店

【原文】

大凡食店，大者谓之"分茶"①，则有头羹、石髓羹、白肉②、胡饼、软羊、大小骨、角炙犒腰子③、石肚羹、入炉羊、罨生软羊面④、桐皮面、姜泼刀、回刀、冷淘、棊子⑤、寄炉面饭之类。喫全茶，饶齑头羹⑥。更有川饭店⑦，则有插肉面、大燠面、大小抹肉、淘煎燠肉、杂煎事件⑧、生熟烧饭。更有南食店⑨，鱼兜子、桐皮熟脍面、煎鱼饭。又有瓠羹店，门前以枋木及花样沓结缚如山棚[10]，上挂成边猪羊，相间三二十边。近里门面窗户，皆朱绿装饰，谓之"驔门[11]"。每店各有厅院东西廊，称呼坐次。客坐，则一人执箸纸[12]，遍问坐客。都人侈纵，百端呼索，或热或冷，或温或整，或绝冷、精浇、臊浇之类[13]，人人索唤不同。行菜得之，近局次立，从头唱念，报与局内。当局者谓之"铛头"，又曰"着案"。讫，须臾，行菜者左手权三椀[14]，右臂自手至肩，驮叠约二十碗，散下尽合各人呼索，不容差错。一有差错，坐客白之主人，必加叱骂，或罚工价，甚者逐之。吾辈入店则用一等琉璃浅棱椀[15]，谓之"碧椀"，亦谓之"造羹"，菜蔬精细，谓之"造齑"，每碗十文。面与肉相停，谓之"合羹"；又有"单羹"，乃半箇也[16]。旧只用匙，今皆用箸矣。更有插肉、拨刀、炒羊，细物料碁子、馄饨店。及有素分茶[17]，如寺院斋食也。又有菜面，胡蝶齑肶胅[18]，及卖随饭、荷包白饭、旋切细料馉饳儿、瓜齑[19]，萝卜之类。

【注释】

①食店：指饮食店、点心店等可以饮酒吃饭的店铺。分茶：亦称"分茶店"。②头羹：一种类似杂烩的食品。石髓羹：一种菜肴。石髓即石钟乳。古人用于服食，也可入药。白肉：熟猪肉。③犒：应作"燋"，亦作"焌"，类似于红烧、干烧或者烘烤之类的烹饪方法。④罨（yǎn）生：邓之诚注："罨即淹。罨生犹言生淹。"此处指一种菜名，具体烹制方法不详。⑤冷淘：过水面条及凉面一类的食品。棊（qí）子：一种面食。棊：同"棋"。⑥饶齑（jī）头羹：一种菜羹名称。一作"饶斋（jī）头羹"。⑦川饭店：指主营四川风味饭菜的饭

店。⑧淘煎燠（yù）肉：将燠肉洗净后煎食。事件：家畜家禽的内脏。⑨南食店：南方风味的饮食店。⑩瓠（hù）羹店：羹食店名。瓠子，一年生草本植物，茎蔓生，夏天开白花，果实长圆形，嫩时可食；也指这种植物的果实，可食用。枋（fāng）木：指古书上说的一种树，木材可做车或用于其他建筑；也指方柱形木材。沓：合；多，重叠。山棚：张灯结彩的牌楼。⑪ 驩（huān）门："驩"，通"欢"。指以五彩装饰的铺面。⑫箸（zhù）纸：筷子和菜单。箸：同"箸"。即筷子。⑬呼索：呼唤索取。臕（biāo）：同"膘"。指肥肉。⑭须臾（yú）：衡量时间的词语，表示一段很短的时间，片刻之间。与倏然、倏忽、忽然为同义词。⑮稜（léng）：通"棱"。物体的边角。⑯半箇（gè）：半个。⑰素分茶：专供素食的饮食店。⑱肐胳：疑为"疙瘩"。⑲馉饳（gǔ duò）儿：古时的一种圆

形、有馅、用油煎或水煮的面食。瓜虀（jī）：一种瓜类食品。

大凡是在京城中的饮食店，规模较大的叫作"分茶"。店中售卖的则有头羹、石髓羹、白肉、胡饼、软羊、大小骨、角炙腼腰子、石肚羹、入炉羊、罨生软羊面、桐皮面、姜泼刀、回刀、冷淘、棋子、寄炉面饭之类的食物。如果客人吃的是全茶，店家就免费奉送一份虀头羹。这里还有著名的四川风味饮食店，店中则有插肉面、大燠面、大小抹肉、淘煎燠肉、杂煎事件、生熟烧饭等特色食品。还有著名的南方风味饮食店，店里有鱼兜子、桐皮熟脍面、煎鱼饭。另外还有瓠羹店，在店门前使用枋木以及构建各种花样杂合在一起，捆扎成结彩的牌楼就像山棚一样，上面悬挂着宰杀以后剖开成半片的猪羊肉，这些猪羊肉相互间隔摆放能有二三十片之多。靠近里面的门面窗户之处，都是采用大红大绿的绵帛装饰，人们称为"驔门"。每一家店中各自都有厅堂庭院和东西廊屋，都设有用来招呼安排客人就座的席位。等到客人坐下以后，就会有一个堂倌儿手里拿着筷子和纸板，一一询问并记下客人所需要的食物名称。居住在京城中的人

多数奢侈放纵，对各种菜肴都会尽情点要索取，有的人点热的，也有要冷菜的，或者是要温热的汤锅，也有要全席的，或者是点冷冻食品、精浇、𦨴浇之类精做的面食的，总之，每个人索要的菜肴常常是各不相同。传送饭菜的堂倌儿拿到菜单以后，站在靠近厨房一侧的地方，从头开始将菜单念唱给厨房内负责的人。在厨房里担当主事的人被称为"铛头"，又叫"着案"。等到报完菜单以后，不一会儿，传菜的堂倌儿就会左手叉着三只碗，右臂从手一直到肩上，重叠驮放着约有二十只碗，逐个散发给客人，完全符合每一个客人所要求的，不容许有任何差错。一旦发生差错，坐在那里的客人告诉给店主，店主就一定会对堂倌儿加以叱责叫骂，或着是直接扣罚工钱，有更严重的，甚至是被店主辞退。我们这种人来到店里，店家就会直接给我们使用上等的琉璃浅棱碗，这种碗叫"碧椀"，也叫作"造羹"，而菜肴也做得非常精细，叫作"造虀"，每碗价值十文钱。如果一份食物中面与肉菜数量大致相等，就叫"合羹"；另外还有一种叫"单羹"，就是只有这样的半份了。以前的时候食店只用汤匙，现如今都使用筷子了。更美味的还有插肉、拨刀、炒羊、细物料碁子、馄饨店。此外还有专供素食的分茶店，就像寺院的素斋食品一样。另外还有菜面，胡蝶虀疙瘩，以及随饭、荷包白饭、旋切细料馉饳儿、瓜虀、萝卜之类的美食。

肉行

【原文】

坊巷桥市，皆有肉案，列三五人操刀。生熟肉从便索唤①，阔切片批②，细抹顿刀之类③。至晚即有煿爆熟食上市④。凡买物不上数钱得者是数。

【注释】

①从便：随意。②批：指薄切。③顿刀：割肉的一种操作方法。④煿（yù）：暖，热。这里指一种烹饪方法。

【译文】

街坊里巷、桥头街市，到处都有卖肉的案铺，排列着三五个人站在那里执刀卖肉。生肉或者熟肉可以任你挑选，阔切的、片批的、细抹的、顿刀的各类都有。到了夜晚时候，就有煿爆的熟食上市。凡是来买东西的都不用先付钱，而是切下来之后所得到的食物值多少钱就付给店家相应的钱数。

饼店

【原文】

凡饼店有油饼店，有胡饼店。若油饼店，即卖蒸饼、糖饼，装合、引盘之类①。胡饼店即卖门油、菊花、宽焦、侧厚、油䭔②、髓饼、新样、满麻，每案用三五人捍剂卓花入炉③。自五更卓案之声远近相闻。唯武成王庙前海州张家、皇建院前郑家最盛，每家有五十余炉。

【注释】

①引盘：放在盘子中。②油䭔（tuó）：油煎大饼。③捍剂："捍"通"擀"。剂：切、割。卓花：指在做好的生面饼上点缀花色图案。

【译文】

　　京城之中一般的饼店有油饼店，有胡饼店。如果是油饼店，就卖一些蒸饼、糖饼，这些食物大多是装盒卖，或是放到盘中。如果是胡饼店，就会卖一些门油、菊花、宽焦、侧厚、油碢、髓饼、新样、满麻等各式点心，每张案桌上用三五个人忙活，有的擀面，有的卓花，然后将面饼放入炉中烘制。每天从五更时候开始，触碰桌案之声由远及近，店家之间相互都能听到。但各店相比来看，只有武成王庙前的海州张家、皇建院前的郑家饼店生意最为兴盛，每家各有五十多个烘饼的烤炉。

鱼行

【原文】

　　卖生鱼则用浅抱桶①，以柳叶间串，清水中浸，或循街出卖。每日早惟新郑门、西水门、万胜门，如此生鱼有数千檐入门②。冬月即黄河诸远处客鱼来③，谓之"车鱼"，每斤不上一百文。

【注释】

　　①生鱼：活鱼。抱桶：一种不算太大的木桶。浅抱桶，就是较浅的木桶，可以用来盛水装鱼。②檐：此为"担"的通假字。用于量

词。③客鱼：来自外地的鱼。此指商贩贩卖过来的鱼。

【译文】

集市上卖活鱼的店铺则是用浅抱桶盛装鱼，一般都是把新鲜的柳叶间隔串起来放入水中，然后将活鱼放在桶中用清水浸养，或者是挑着担子沿街叫卖。每天一早仅仅是新郑门、西水门、万胜门，像这样的活鱼就有数千担被送入城门里街市。每到冬天的时候，就会有从黄河等各个较远地方运过来的鱼上市，这被称为"车鱼"，每斤鱼的卖价不到一百文钱。

卷五

民俗

【原文】

凡百所卖饮食之人，装鲜净盘合器皿①；车檐动使，奇巧可爱；食味和羹，不敢草略②。其卖药卖卦，皆具冠带③。至于乞丐者，亦有规格。稍似懈怠，众所不容。其士农工商④，诸行百户，衣装各有本色，不敢越外。谓如香铺里香人，即顶帽披背；质库掌事，即着皂衫角带、不顶帽之类⑤。街市行人，便认得是何色目⑥。加之人情高谊⑦，若见外方之人，为都人凌欺，众必救护之。或见军铺收领到斗争公事，横身劝救，有陪酒食檐官方救之者，亦无惮也⑧。或有从外新来邻左居住，则相借借动使，献遗汤茶⑨，指引买卖之类。更有提茶瓶之人，每日邻里，互相支茶⑩，相问动静。凡百吉凶之家，人皆盈门。其正酒店户，见脚店三两次打酒，便敢借与三五百两银器，以至贫下人家，就店呼酒，亦用银器供送。有连夜饮者，次日取之。诸妓馆只就店呼酒而已，银器供送，亦复如是。其阔略大量⑪，天下无之也。以其人烟浩穰⑫，添十数万众不加多，减之不觉少。所谓花阵酒池，香山药海。别有幽坊小巷、燕馆歌楼，举之万数，不欲繁碎。

【注释】

①百：多种多样的；各种的。比喻很多。合：通"盒"。②和羹：用不同调味品配置的羹汤。草略：草率。③冠带：帽子和腰带。④士农工商：古代所谓四民，指读书的士人、种田的、做工的、经商的。⑤质库：此指当铺。皂衫：这里指黑色衣衫。⑥色目：种类名目，代指身份。⑦高谊：深情厚谊。多用于敬称别人的情谊。此指重情义。⑧檐官方：承担官府的压力。檐："担"的通假字。惮（dàn）：怕，畏惧。

⑨借借（jiè）：借取置办。献遗（wèi）：赠送。汤茶：茶水。⑩提茶瓶之人：在茶坊提着水瓶为客人倒茶，同时负责往来传递客人需求信息的人。支茶：送茶。⑪阔略大量：此处指酒店对借出的银器阔绰大度而不计较并且数量很大。⑫人烟浩穰（ráng）：指某地人很多。浩穰：众多；繁多。

【译文】

凡是京城中售卖各种饮食的人，都备有鲜亮干净的盘盒器皿盛装食物；不论是推车的，还是挑担子的，售卖的各种日用器具，也都是十分新奇精巧，惹人喜爱；对于所卖食物的滋味以及调和的羹汤，更是不敢有丝毫草率马虎之处。那些卖药的以及占卜卖卦之人，也都戴帽束带。以至于那些沿街行乞的人，也都有他们自成一体的规矩。各行各业自律自检，稍有懈怠不敬之状，就会被众人所不容。而那些士人、农户、工匠、商贾，以及从事各种行业的店铺商户，他们所穿戴的衣帽服装各自都有代表本行业的特色，从不敢随便越出规格之外。例如香铺中的裹香人，要头戴顶帽，身有披背；当铺中的管事，则身穿黑色衣衫，腰束角带，但不戴顶帽，等等。走在街市上的行人，一看便能区分出对方是什么身份。而且，那时候的人都注重情义，如果见到外乡之人被京城中人凌欺，众人必定会出面救护他。有时候遇见被军巡铺拘捕处置的斗殴争吵事件，也会挺身上前劝阻或出面救助，甚至有时候需要陪请对方酒食，承担官方压力而去救助他人，也不怕麻烦。或者遇到有从外地刚来到此地而与京城中人左邻右舍居住的，那么原来的老住户就会纷纷主动借给他们日常用具，甚至送去羹汤茶水，或者指引他们买卖东西的场所以及如何营生。还有那些提茶瓶之人，每天穿梭在邻里之间，相互送茶，帮助打探彼此之间的日常状况。凡是遇到各种喜、丧之事的人家，邻里之间都会挤满他家门前主动相帮。那些正规的卖酒商户，遇见下边卖零酒的小店来自己店里买过三两次酒，就敢放心地借给他们价值三五百两的银器盛酒，甚至于那些下层的贫困人家，到店里来传呼送去美酒，店家也用银质的器皿供送给他们。对于那些通宵达旦饮酒的，则是到了第二天才去将银器取回。各家妓馆只管到酒店呼唤送酒，而酒店同样是用银器供送给他们，也重复着以前这样的形式。这种阔绰粗疏地出借银器而不计较并且借出去的数量之大，是天下很少有的。京城人口众多街市繁华，所以增加十几万之众不觉多，减少十几万人也不觉少。这真称得上是花阵酒池、香山药海了。另外，京城中也有一些幽坊小巷，宴馆歌楼，列举起来也能数以万计，在这里就不想繁杂琐碎一一遍记了。

京瓦伎艺

【原文】

崇观以来，在京瓦肆伎艺①，张廷叟、孟子书主张。小唱李师师②、徐婆惜、封宜奴、孙三四等。诚其角者，嘌唱弟子③，张七七、王京奴、左小四、安娘、毛团等。教坊减罢并温习④，张翠盖、张成，弟子薛子大、薛子小、俏枝儿、杨总惜、周寿奴、称心等。般杂剧杖头傀儡⑤，任小三，每日五更头回小杂剧，差晚看不及矣。悬丝傀儡，张金线⑥、李外宁。药发傀儡，张臻妙、温奴哥、真个强、没勃脐。小掉刀、筋骨上索杂手伎，浑身眼、李宗正、张哥。

球杖踢弄⑦，孙宽、孙十五、曾无党、高恕、李孝详。讲史，李慥⑧、杨中立、张十一、徐明、赵世亨、贾九。小说，王颜喜、盖中宝、刘名广。散乐⑨，张真奴。舞旋，杨望京。小儿相扑、杂剧、掉刀、蛮牌⑩、董十五、赵七、曹保义、朱婆儿、没困驼、风僧哥、俎六姐。

雪江垂钓图

影戏，丁仪。瘦吉等，弄乔影戏⑪。刘百禽，弄虫蚁。孔三传、耍秀才，诸宫调。毛详、霍伯丑，商谜⑫。吴八儿，合生。张山人，说诨话⑬。刘乔、河北子、帛遂、胡牛儿、达眼五、重明乔、骆驼儿、李敦等，杂班⑭。外人孙三神鬼⑮。霍四究说三分。尹常卖五代史。文八娘叫果子⑯。其余不可胜数。不以风雨寒暑，诸棚看人⑰，日日如是。教坊、钧容直，每遇旬休按乐，亦许人观看。每遇内宴前一月，教坊内勾集弟子小儿⑱，习队舞作乐，杂剧节次⑲。

【注释】

①崇观：即崇宁、大观。两个都是宋徽宗的年号。伎艺：指有技艺的人。②小唱：宋代伎艺，属于大曲一类。李师师：北宋末年青楼歌姬，东京（今河南省开封市）人。据传，李师师曾深受宋徽宗喜爱，并得到宋朝著名词人周邦彦的垂青，由此可见李师师的才情容貌非常人能及。③嘌（piào）唱：宋代时民间一种音调曲折柔曼的唱法。④教坊减罢并温习：此指被宫廷教坊淘汰下来的艺人又重新回到勾栏里演出谋生的人。⑤般杂剧：即搬演杂剧。般，"搬"的通假字。古代有多种以杂剧为名的表演形式，其特点各有不同。宋代是各种滑稽表演、歌舞、杂戏的统称。杖头傀儡（kuǐ lěi）：宋代对杖头木偶戏的称呼。傀儡：亦作"傀垒"，原指木偶，如傀儡戏。小杂剧：杂剧中的滑稽小戏。⑥悬丝傀儡：宋代对提线木偶的称呼。药发傀儡：傀儡戏的一种。⑦球杖踢弄：古代的一种伎艺表演。⑧讲史：指演说历史故事的评书。李慥（zào）：古人名。⑨散乐：古代乐舞名称。包括杂技、武术、幻术、滑稽表演、歌舞戏、参军戏等形式在内的乐舞杂技表演的总称。⑩相扑：一种类似摔跤的体育活动，秦汉时期叫作角抵，南北朝到宋元时期叫作相扑。蛮牌：用南方产的粗藤做的盾牌。⑪乔影戏："乔"有滑稽之意，即滑稽影戏。⑫商谜：宋代伎艺，是一种以猜谜斗智来娱乐观众的伎艺。⑬说诨（hùn）话：宋代说唱艺术，是一种滑稽诙谐的引人发笑的说唱形式。⑭杂班：即杂扮。宋代流行的一种小戏。以剧情简单，逗人喜笑著称。一般为杂剧之散段。⑮神鬼：装神弄鬼。⑯叫果子：宋代说唱艺术，模仿市井中各种人叫卖的声音。⑰看人：此指看表演的观众。⑱勾集：召集。弟

子：即梨园弟子、演员。⑲队舞：宋代的宫廷歌舞。分小儿队和女弟子队两大类。各队都有特定的服饰、乐曲、歌、舞、道白，表现不同的内容。节次：逐次、依次。

【译文】

自从宋徽宗崇宁、大观年间以来，在京城各个瓦肆中盛行了多种多样的伎艺表演，张廷叟、孟子书总管主持。弹唱小曲儿的名姬有李师师、徐婆惜、封宜奴、孙三四等。另有在京城中唱曲儿称得上是名角的还有嘌唱弟子张七七、王京奴、左小四、安娘、毛团等。被宫廷教坊淘汰下来的艺人，但又重新回到勾栏里演出谋生的有张翠盖、张成及其弟子薛子大、薛子小、俏枝儿、杨总惜、周寿奴、称心等人。搬演杂剧，杖头傀儡表演属任小三最为著名，每天五更时就开始上演第一回小杂剧，如果你稍微晚去就看不到了。表演悬丝傀儡的有张金线、李外宁。以药发傀儡著称的有张臻妙、温奴哥、真个强、没勃脐。小掉刀、身上捆着绳索表演杂手伎，有浑身眼、李宗正、张哥。表演球杖踢弄伎艺的有孙宽、孙十五、曾无党、高恕、李孝详。专门演说历史评书的有李慥、杨中立、张十一、徐明、赵世亨、贾九。擅长小说故事演说的有王颜喜、盖中宝、刘名广。散乐表演的有张真奴。舞旋表演的有杨望京。小儿相扑、杂剧、掉刀、蛮牌等伎艺表演的有董十五、赵七、曹保义、朱婆儿、没困驼、风僧哥、俎六姐。表演弄影戏的有丁仪。瘦吉等表演比较滑稽的皮影戏。刘百禽表演的是耍弄禽鸟虫蚁。孔三传、耍秀才，演唱诸宫调。毛详、霍伯丑表演商谜。吴八儿擅长合生伎艺。张山人擅长表演说诨话。刘乔、河北子、帛遂、胡牛儿、达眼五、重明乔、骆驼儿、李敦等，以表演杂扮著称。另外还有一个叫孙三的人擅长扮演神鬼。霍四究专门说唱"三分天下的故事"。尹常卖则演说"五代史"。文八娘以表演叫果子而闻名。其余还有各种表演艺人，简直是数不胜数。不论刮风下雨、阴晴寒暑，各个戏棚中看表演的人拥挤不堪，天天都是这样。教坊司以及禁军仪仗乐队，每遇旬休之日就按时到外边表演击鼓奏乐，那时候也允许百姓观看。每逢皇宫举行内宴的前一个月，教坊司内就开始召集女弟子队和小儿队的学子们，演习队舞、奏乐，以及各类杂剧等，分出节次，逐一出演。

娶妇

【原文】

凡娶媳妇，先起草帖子，两家允许，然后起细帖子，序三代名讳①，议亲人有服亲田产官职之类。次檐许口酒，以络盛酒瓶，装以大花八朵、罗绢生色或银胜八枚，又以花红缴檐上②，谓之"缴檐红"，与女家。女家以淡水二瓶，活鱼三五个，箸一双③，悉送在元酒瓶内，谓之"回鱼箸"。或下小定、大定④，或相媳妇与不相。若相媳妇，即男家亲人或婆往女家看中，即以钗子插冠中，谓之"插钗子"；或不入意，即留一两端彩段与之压惊⑤，则此亲不谐矣。其媒人有数等，上等戴盖头，着紫背子⑥，说官亲宫院恩泽；中等戴冠子，黄包髻⑦，背子，或只系裙，手把青凉伞儿⑧，皆两人同行。下定了，即旦望媒人传语⑨。遇节序，即以节物头面羊酒之类追女家，随家丰俭⑩。女家多回巧作之类。次下财礼，次报成结日子，次过大礼。先一日，或是日早，下催妆冠帔花粉⑪，女家回公裳花幞头之类。前一日，女家先来挂帐，铺设房卧⑫，谓之"铺房"。女家亲人有茶酒利市之类。至迎娶日，儿家以车子或花檐子发迎客，引至女家门，女家管待迎客，与之彩段，作乐催妆上车檐，从人未肯起，炒咬利市⑬，谓之"起檐子"，与了然后行。迎客先回至儿家门⑭，从人及儿家人乞觅利市钱物花红等，谓之"栏门"。新妇下车子，有阴阳人执斗⑮，内盛谷豆钱果草节等，呪祝望门而撒⑯，小儿辈争拾之，谓之"撒谷豆"。俗云厌青羊等杀神也⑰。

【注释】

①草帖子：古代婚俗之一，俗称"八字帖"。指男家与女家初次议婚的来往书帖，旧俗议亲时用帖子写明男方与女方的生辰八字等。细帖子：是指在议婚的第一张帖基础上加上三代名讳、官职以及田产等详细情况的帖子。三代：这里指曾祖父、祖父、父亲三代。名讳：是出现在中国古代的一种语言现象。遇到君主或尊长者时，不但不能直呼其名，而且在书写的时候也不能使用这些字，于是只能改字、改音或减少字的笔划。②银胜：古时妇女所戴头饰。一种剪银箔为人形的彩花。花红：这里指红色的丝绸，以示喜庆。③筯（zhù）：同"箸"。筷子。④小定：旧时男女结婚的第一步，男女向女方用饰物等作为彩礼。大定：男方向女方下更丰盛的彩礼，确定结婚的日期。⑤不入意：不中意，不如意。端：古代的布帛单位。绢的单位是匹，布的单位是端。古代绢四丈为一匹，布以六丈为一端。⑥背子：古代衣服的一种。⑦冠子：这里指妇女头上戴的一种帽子。包髻：古代用来包发髻的头巾。⑧青凉伞儿：青色的遮阳伞。⑨下定：即下聘礼，古时候订婚时男方要给女方聘礼。旦望：朔望。即农历的初一和十五。⑩节序：这里指节日。节物：应节的物品。丰俭：丰厚与节俭。⑪催妆：古代的婚俗，新妇出嫁时，要多次催促才梳妆启行。冠帔（pèi）：古代妇女之服饰。冠，帽子。帔，披肩。

花粉：此处代指化妆品。⑫房卧：泛指嫁妆。⑬檐：通"担"。管待：照顾、接待。炒咬：吵嚷、叫嚷。炒，同"吵"。利市：喜庆、节日时给人的喜钱。⑭儿家：即男家。⑮阴阳人：以星象、占卜、相宅、相墓等为业的人。⑯呪（zhòu）祝：祷告祝愿。⑰厌（yā）：泛指压制；抑制；以迷信的方法，镇服或驱避可能出现的灾祸。青羊：此指神话中的煞神。

【译文】

凡是家中迎娶媳妇的，首先要起草一份草帖子，等到男女双方的长辈都同意了，然后再准备一份细帖子，上面要顺次写出曾祖父、祖父、父辈三代的名讳，以及议婚人的近亲、田产、官职之类的情况。接下来，男家派人担着许亲酒，但这许亲酒要用丝绳编织的"花络"罩住酒瓶，还要装上大红花八朵，以及色彩鲜艳的罗绢或银胜八枚，还要用红色的绸带缠绕在酒担上，叫作"缴担红"，如此一并送给女家。送到以后，女家就用淡水两瓶，活鱼三五条，筷子一双，全部放在男家原来的酒瓶内，叫作"回鱼筋"。然后再商议男家什么时候下小定，或者是下大定；或者商定什么时候去女家相看媳妇还是决定不去相看。如果前去相看媳妇，就由男家的一位长辈亲属或是未来的婆婆前去女家相看媳妇，如果相看中意，就用钗子插在女子的发冠中，叫作"插钗子"；相看不中意，此时男方就会留下一两端绸缎给女方压惊，那么就说明这桩亲事谈不成了。那些提亲的媒人可分为好几等。上等媒人头戴盖头，身穿紫色背子，专门说合大小官宦之家、宫廷里的显贵以及皇室亲族人家的婚事；中等的媒人头戴冠子，用黄色的头巾包裹发髻，身穿背子，也有不穿背子而是只系一件裙子的，手里拿着一把青色的遮阳伞，一般都是两个媒人同行。等到男家下定之后，就从第二天开始盼望媒人在两家之间传送好话。每逢遇到节日，男家都要准备各种应节的物品、头上饰物以及羊肉、美酒之类的礼品送往女家，礼品的丰厚与俭朴，这要根据男家的境况而自行决定。女家此时则大多回赠一些家做的食品或精致的女红之类的物品。然后是向女家下财礼，接下来是向女家告知男女双方结婚的日子，最后是过结婚大礼。结婚典礼的前一日，或者是婚礼当天的早晨，男家要将催妆的冠帔、花粉等物品送往女家，女家则回送男子一套公服、花幞头之类的服饰。婚礼的前一日，女家先派人到男家新房挂上帷帐，铺设卧房用品，陈列嫁妆，这叫作"铺房"。男家要对前来铺房的女家亲人有茶酒、喜钱之类相赠。到了迎娶新人之

日，男家要用车子或者用花轿组成一支迎亲队伍吹吹打打地出发迎接新人，一直被引导到女家门前。女家热情款待前来迎亲的客人，并赠送彩缎给他们，然后男家开始奏乐催妆，催促新人上车或大花轿。但是随从负责担抬花轿之人不肯起程，吵闹着要喜钱，这叫"起檐子"，轿夫们得到东家赏给的喜钱之后才肯起程。迎接新人的来客最先回到男家门前，这时候随行的人及男家的亲人纷纷哄闹着索要喜钱或者礼物花红等，这叫作"栏门"。新媳妇下车或花轿的时候，就会有一个阴阳先生手里拿着斗，斗中盛放着谷物、豆子、钱币、果类、草节等物，一边念念有词祷告祝愿，一边抓起斗中的物品看着门口向前抛撒，此时小孩子们争相拾取，叫作"撒谷豆"。按照当时的风俗，认为这样可以镇服或驱避诸如青羊等凶煞之神。

【原文】

新人下车檐，踏青布条或毡席，不得踏地，一人捧镜倒行，引新人跨鞍蓦草及秤上过①，入门于一室内，当中悬帐，谓之"坐虚帐"；或只径入房中，坐于床上，亦谓之"坐富贵"。其送女客，急三盏而退，谓之"走送"。众客就筵三杯之后，婿具公裳、花胜簇面，于中堂升一榻，上置椅子，谓之"高坐"，先媒氏请，次姨氏或妗氏请②，各斟一杯饮之；次丈母请，方下坐。新人门额，用彩一段，碎裂其下，横抹挂之，婿入房，即众争撺小片而去③，谓之"利市缴门红"。婿于床前请新妇出，二家各出彩段，绾一同心，谓之"牵巾"，男挂于笏④，女搭于手，男倒行出，面皆相向，至家庙前参拜，毕，女复倒行，扶入房讲拜⑤。男女各争先后，对拜毕，就床，女向左，男向右坐，妇女以金钱彩菓散掷，谓之"撒帐"。男左女右，留少头发，二家出匹段、钗子、木梳、头须之类⑥，谓之"合髻"。然后用两盏以彩结连之，互饮一盏，谓之"交杯酒"。饮讫，掷盏并花冠子于床下，盏一仰一合，俗云"大吉"，则众喜贺，然后掩帐讫。宫院中即亲随人抱女婿去⑦，已下人家即行出房，参谢诸亲，复就坐饮酒。散后，次日五更用一卓盛镜台镜子于其上，望上展拜⑧，谓之"新妇拜堂"。次拜尊长亲戚，各有彩段巧作鞋枕等为献，谓之"赏贺"。尊长则复换一匹回之，谓之"答贺"。婿往参妇家，谓之"拜门"。有力能趣办⑨，次日即往，谓之"复面拜门"，不然，三日七日皆可，赏贺亦如女家之礼。酒散，女家具鼓吹从物迎婿还家⑩。三日，女家送彩段油蜜蒸饼，谓之"蜜和油蒸饼"。其女家来作会，谓之"煖女"⑪。七日则取女归，盛送彩段头面与之，谓之"洗头"。一日则大会相庆，谓之"满月"。自此以后，礼数简矣。

【注释】

①跨鞍：即跨马鞍。古代婚俗，将马鞍放置于男方家门口，待新人入门时跨过。②花胜：古代妇女的一种首饰。妗（jìn）氏：即舅母。③横抹：横转过来。撦（chě）：撕扯。④笏（hù）：古代大臣上朝拿着的手板，用玉、象牙或竹片制成，上面可以记事。古时候文武大臣朝见君王时，双手执笏以记录君命或旨意，也可以将要对君王上奏的话记在笏板上，以防止遗忘。此处应指一种类似笏的手板。⑤家庙：古代有官爵的人需建立家庙，祭祀祖先。后来泛指一个家族建立的宗祠。讲拜：行拜见礼。⑥疋（pǐ）段：泛指丝织品。疋：同"匹"。钗子：由两股簪子交叉组合成的一种首饰，用来绾住头发，也有用它把帽子别在头发上的。头须：扎在发髻上的一种装饰品。⑦亲随人：亲信随从之人。⑧展拜：行跪拜之礼。⑨趣（cù）办：很快办妥。⑩鼓吹：演奏乐曲的乐队。从物：随身物品。⑪作会：指举办各种聚会。煖（nuǎn）女：即暖女。宋朝时候的婚俗，女嫁三日后，母家要馈送食物问候。

【译文】

新娘子下了车或轿舆，双脚踏上青色宽布条或者毡席，不能双脚踏在地上，前面有一个人捧着铜镜倒退着行走，引导新娘子跨过马鞍，然后再从草席以及秤上跨过去，就这样走进门后，进入一间房室，在这室内悬挂一顶帐帷，让新人暂时坐于帐中，这叫"坐虚帐"；或者直接让新娘子径直走入新房之中，坐在床上，这也可以称之为"坐富贵"。女方家那些送新人的来客，每人快饮三盏酒以后就退出房门告辞而去，这叫"走送"。待到所有来客入席饮酒三杯之后，新女婿将新婚礼服穿戴整齐，头戴花胜，满面喜气簇拥的样子，此时在厅堂之中放上一个木榻，上面放着椅子，这叫"高坐"。先请媒人过来就坐，然后再请姨妈或舅妈过来就坐，并分别斟一杯酒请她们饮下；再请丈人岳母过来向他们敬酒一杯，这样才可以离开"高坐"。在新人居住的房间门额上，有彩绸一段，将它的下部撕裂破碎成一条一条的形状，然后横转过来悬挂在门楣之上，等新女婿进入洞房之后，众人便争抢着上前扯下一小片彩绸而去，这叫"利市缴门红"。新女婿来到"坐富贵"的床前，请新媳妇出来，这时男女两家亲属各取出一条彩缎，绾成一个同心结，这叫作"牵巾"。新郎将彩缎的一端挂在手里的笏板上，新娘子将彩缎的另一端牵搭在手上，然后新郎倒退着走出房间，此时两个人脸对着脸，就这样一直走到家庙前参拜列祖列宗。礼毕之后，新娘子也是倒退着走，身旁由人搀扶着进入新房内准备行夫妻对拜礼。新郎和新娘分别在执礼人的喊礼声中先后对拜礼毕，然后走到床边，新娘子面向左、新郎面向右坐，这时就会有妇女将金钱、彩果向四周分散抛撒，这叫"撒帐"。随后，新郎在左，新娘子在右，各留下少许头发，两家人各自取出绸缎之类的丝织品、钗子、木梳、头须之类，将它们扎系在一起，这叫作"合髻"。然后将两只酒盏用彩缎连结起来，新郎和新娘互敬之后对饮一盏，这叫作

"交杯酒"。饮完之后，将酒盏及花冠子掷于床下，如果酒盏一只仰面一只倒扣着，按照当时风俗的说法则被认为是"大吉"，那么众人就会走上前来恭喜道贺，然后掩上帐帷，此时新房中礼毕。如果是皇宫大内的亲戚，便由亲信随从将新女婿抱出去，此下的各等人家则自行走出房间，去参见拜谢各位前来贺喜的亲戚长辈，礼毕之后重新就坐饮酒。酒席散去后，第二天五更时分，用一张桌子放置镜台、镜子，然后新媳妇面朝正堂之上行跪拜之礼，这叫"新妇拜堂"。顺

次下来就是前去拜见其他尊长、亲戚，对每位拜见者，新媳妇分别都有彩缎、巧作、鞋、枕之类的物品献上，这就叫"赏贺"。而那些拜见过的尊长则另换一匹彩缎回赠，这叫"答贺"。新女婿前去女家参拜，这叫"拜门"。有财力能很快办妥礼品的，婚后第二天就前去，这叫"复面拜门"，如果不能这样，那么在结婚的第三日或第七日前去也可以，不过，赏贺的礼品也要像女家的礼数一样。新女婿前去拜门的酒席散场后，女家准备了演奏的乐队、备齐回赠的礼物，然后送新

女婿回家。女子出嫁第三天，女家就会送来彩缎、油蜜蒸饼到男方家，这叫"蜜和油蒸饼"。而嫁女期间女家有人前来参加各种聚会，叫作"暖女"。新婚第七天，娘家人则会来男家接女儿回娘家，并送给女儿丰盛的彩缎以及各种头面饰物，这叫"洗头"。结婚一个月的时候，则有一场盛大聚会以示相互庆贺，这叫"满月"。从这以后，两家之间相关婚娶的礼数就相对简单了。

育子

【原文】

凡孕妇入月①，于初一日，父母家以银盆、或棱或彩画盆②，盛粟秆一束，上以锦绣或生色帕複盖之③，上插花朵及通草帖罗五男二女花样④，用盘合装送馒头，谓之"分痛"。并作眠羊、卧鹿、羊生、果实，取其眠卧之义，并牙儿衣物绷籍等，谓之"催生"。就蓐分娩讫⑤，人争送粟米炭醋之类。三日落脐灸顖⑥。七日谓之"一腊"。至满月则生色及绷绣钱，贵富家金银犀玉为之，并果子，大展"洗儿会"。亲宾盛集，煎香汤于盆中⑦，下果子、彩钱、葱蒜等，用数丈彩绕之，名曰"围盆"。以钗子搅水，谓之"搅盆"。观者各撒钱于水中，谓之"添盆"。盆中枣子直立者，妇人争取食之，以为生男之征。浴儿毕，落胎发，遍谢坐客，抱牙儿入他人房，谓之"移窠"⑧。生子百日置会，谓之"百晬⑨"。至来岁生日，谓之"周晬"，罗列盘盏于地⑩，盛菓木、饮食、官诰、笔研、箅秤等，经卷、针线⑪，应用之物，观其所先拈者以为征兆，谓之"试晬⑫"。此小儿之盛礼也。

【注释】

①入月：即妇女孕期足月。②锓（líng）：本意为金名，这里当指金属盆。③粟秆：谷秆。粟，小米。秆（gǎn）：同"秆"，禾本科植物的茎。帕複（fù）：一种束发的头巾。④通草：即木通。一种植物，可做中药。一般是像有排尿困难、小便不清、水肿，或女性经闭、乳汁不通的情况下

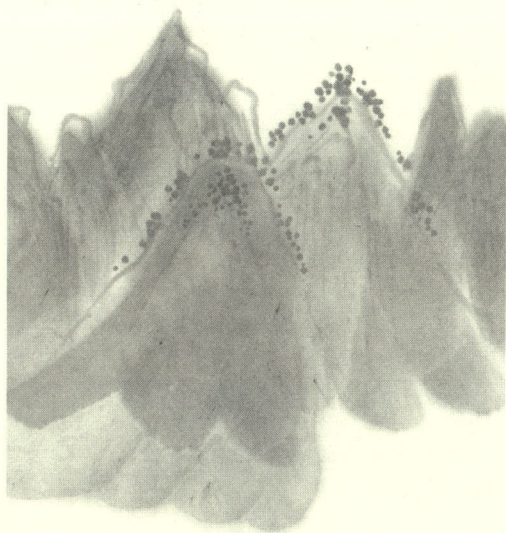

才能使用。⑤就蓐（rù）：临盆，分娩。⑥落脐：脐带脱落。顖（xìn）：同"囟"，卤门；顖门。此处应指婴儿脑门头顶颅骨未闭合的部位。⑦香汤：调以香料的热水。⑧移窠（kē）：谓婴儿生满一月后，移乳母处喂养。⑨百晬（zuì）：小儿诞生满百日举行的贺宴。⑩盏：小杯子。⑪官诰：即皇帝赐予爵位或授予官职的诏书。笔研：笔墨纸砚。筭（suàn）：古同"算"，计算，亦指古代计数的筹码。经卷：指儒家经典。这里泛指书籍。⑫试晬：即抓周。抓周是中国传统风俗，是东亚国家小孩子周岁时预卜婴儿前途的习俗。新生儿周岁时，将各种物品摆放于小孩面前，任其抓取，传统上常用物品有笔、墨、纸、砚、算盘、钱币、书籍等。

【译文】

凡是孕妇怀孕进入足月期，在这个月初一，孕妇的

父母在家中要用银盆，或用金属盆，或者用彩画图案的盆，盛放粟秆
一束，用精美的锦绣丝绸或色彩鲜艳的头巾覆盖，上面再插上花朵以
及通草，帖罗上画着五男二女以示多子多福的图画，另外还要用盘盒
装着馒头，将这些送过来给女儿，这叫作"分痛"。并且制作眠羊、
卧鹿及各种糕点、果实，以此来取其眠卧之意，然后连同婴儿的衣
物、包被等一起送过去，这叫作"催生"。待到临盆分娩以后，家人
亲属们都争相送来粟米、木炭、酱醋之类的物品。婴儿出生后第三
天，要为婴儿落脐带、灸卤。出生后第七天，叫作"一腊"。到了婴

儿满月时，则要用
色彩鲜艳的丝线、
锦缎来缝制包被并
送来一些彩钱，富
贵人家一般都用金、
银、犀牛角、玉等
贵重之物作为贺礼，
连同各色水果点心，
举办一次盛大的
"洗儿会"。这时会
有众多亲戚宾客聚
集而来，主人要煎
好了香汤倒入盆中，
在盆中放入各种干
果以及彩钱，葱蒜

等物品，然后用数丈长的彩色丝带缠绕在盆上，这叫作"围盆"。如果同时使用钗子搅动盆中的水，这就叫作"搅盆"。这时在旁边观看的人纷纷将铜钱撒入水中，这叫"添盆"。如果看见撒入盆中的枣子有直立的，妇女就可以争相捞取吃掉它，认为这是预示自己将来能生儿子的征兆。浴儿典礼完毕，要为婴儿剃去胎发，并向座中所有来宾一一致谢，然后再抱着婴儿到乳母的房中由她喂养，这就叫"移窠"。婴儿出生到一百天的时候要举办一次宴会，这叫作"百晬"。到第二年生日这一天，叫做"周晬"，这时候就要罗列一些盘盏于地上，盘盏之中盛放着果木、饮食、官诰、笔砚、筹秤等，以及经卷、针线等各类日常的应用物品，观察小孩先去抓取何种物品，以此来作为预测将来其长大成人后的志趣征兆，这叫作"试晬"。以上这些都是为小孩子的降生而举办的盛大典礼。

正月

【原文】

正月一日年节，开封府放关扑三日①。士庶自早互相庆贺。坊巷以食物、动使、果实、柴炭之类，歌叫关扑。如马行、潘楼街、州东宋门外、州西梁门外踊路②，州北封丘门外，及州南一带，皆结彩棚③，铺陈冠梳、珠翠、头面、衣着、花朵、领抹、靴鞋、玩好之类，间列舞场歌馆，车马交驰④。向晚，贵家妇女纵赏关赌，入场观看，入市店饮宴，惯习成风，不相笑讶⑤。至寒食冬至三日亦如此⑥。小民虽贫者，亦须新洁衣服，把酒相酬尔⑦。

【注释】

①年节：即每年的春节。关扑：又名关赌，大抵以物品为彩头赌掷财物，与当今打气球、抛套环之类相类似。②踊（yǒng）：本意是跳跃，此指道路上十分拥挤。③彩棚：用彩纸、彩绸、松柏等装饰的棚架。④交驰：交错奔驰，指车辆来来往往。⑤笑讶：说笑惊讶。⑥寒食：即寒食节。清明节前一日或前二日。那一天禁烟火，只吃冷食。并在后世的发展中逐渐增加了祭扫、踏青、秋千、蹴鞠、牵勾、斗鸡等风俗，寒食节前后绵延两千余年，曾被称为中国民间第一大祭

日。⑦酬：劝酒、敬酒。

【译文】

正月初一这一天是新年节日，开封府破例开放三天，人们可以纵情于"关扑"的赌注游戏。官员与庶民都从早上开始起就走出家门互相庆贺新年。街坊里巷之中，到处都能看见有人用食物、各种日常使用器具、干果糕点、柴草木炭之类的物品，歌唱叫喊着，以此招徕人们前来博戏。诸如马行街、潘楼街、州东宋门外、州西梁门外的道路分外拥挤，州城北的封丘门外，以及州城南一带，全部都结扎了彩棚，沿街集市上都铺排陈列着各式发冠、梳子、珍珠翡翠，各种头面饰物、衣着、花朵、领系饰物、鞋子、靴子、用于玩赏的奇珍异宝等物品，其间，还有歌舞场馆，车来车往，交相奔驰热闹异常。每到傍晚时分，富贵人家的女眷们也出来尽情观赏关扑这种赌博游戏，也有的人直接进入歌舞场馆观看表演，或者是进入街市之中的店铺宴饮，总而言之，这种生活习惯已经在京城之中蔚然成风，相互之间，既不相互嘲笑，也不感到惊讶。分别在寒食节、冬至日，三天也是这样度过的。京城之中的百姓即使是贫穷者，也一定会在节日时穿上崭新洁净的衣服，并且举杯欢饮，相互敬酒，以此来庆贺节日。

元旦朝会

正旦大朝会，车驾坐大庆殿，有介胄长大人四人立于殿角①，谓之"镇殿将军"。诸国使人入贺，殿庭列法驾仪仗②，百官皆冠冕朝服，诸路举人解首亦士服立班③，其服二量冠、白袍青缘。诸州进奏吏，各执方物入献④。诸国使人，大辽大使顶金冠，后檐尖长，如大莲叶，服紫窄袍，金蹀躞⑤；副使展裹金带如汉服。大使拜则立左足⑥，跪右足，以两手着右肩为一拜。副使拜如汉仪。夏国使副皆金冠短小样制，服绯窄袍，金蹀躞，吊敦⑦，背叉手展拜。高丽与南番交州使人并如汉仪。回纥皆长髯高鼻⑧，以匹帛缠头，散披其服。于阗皆小金花毡笠，金丝战袍束带，并妻男同来，乘骆驼毡兜铜铎入贡⑨。三佛齐皆瘦脊鞭头⑩、绯衣上织成佛面。又有南蛮五姓番皆椎髻乌毡，并如僧人礼拜⑪。入见，旋赐汉装锦袄之类。更有真腊、大理、大石等国⑫，有时来朝贡。其大辽使人在都亭驿，夏国在都亭西驿，高丽在梁门外安州巷同文馆⑬，回纥、于阗在礼宾院，诸番国在瞻云馆或怀远驿⑭。唯大辽、高丽，就馆赐宴。大辽使人朝见讫，翌日诣大相国寺烧香⑮。次日，诣南御苑射弓，朝廷旋选能射武臣伴射，就彼赐宴，三节人皆与焉。先列招箭班十余于垛子前，使人多用弩子射。一裹无脚小幞头子、锦袄子辽人，踏开弩子，舞旋搭箭，过与使人⑯，彼窥得端正，止令使人发牙。例本朝伴射用弓箭中的⑰，则赐闹装、银鞍马、衣着、金银器物有差。伴射得捷，京师市井儿遮路争献口号，观者如堵。翌日，人使朝辞。朝退，内前灯山已上彩⑱，其速如神。

【注释】

①大庆殿：北宋时期皇宫的正殿。介胄（zhòu）：披甲戴盔。长大：体貌雄伟高大。②使人：受命出使的人。法驾：天子车驾的一种。天子的卤簿分大驾、法驾、小驾三种，其仪卫之繁简各有不同。③冠冕：古时帝王、官员戴的帽子。解（jiè）首：即解元，指科举制度中解试第一名。立班：上朝时依照次序站立。④进奏吏：即进奏官。负责呈送本州公文，并接受诏令将朝廷各部门公文送回本州。方

物：指本地特产。⑤蹀躞（dié xiè）：腰带上的一种饰物，多用金玉制成。⑥立左足：左脚屈膝。⑦绯窄袍：西夏服饰。吊敦：悬挂厚重的带子。⑧回纥（hé）：中国的少数民族部落，维吾尔族的祖先。主要分布于新疆，在内蒙古、甘肃、蒙古以及中亚的一些地区也有散居。⑨于阗（tián）：古代西域王国，中国唐代安西都护府安西四镇之一。妻男：妻子儿女。毡兜：这里指用毡制的口袋一类的东西。铜铎（duó）：铜铃。⑩三佛齐：即三佛齐王国，又作三佛齐国，简称三佛齐。脊：即"瘠"，指其身材偏瘦。⑪礼拜：此处指信教的人向神行礼致敬。⑫真腊（là）：即真腊。又名占腊，为中南半岛古国，其境在今柬埔寨境内，是中国古代史书对中南半岛吉蔑王国的称呼。真腊国很早就出现在中国古代史书的记载之中，远及秦汉。大石：即大食。大食原本是波斯部族的名称。唐代以来，称阿拉伯帝国为大食。⑬都亭西驿：宋官署名。属鸿胪寺。掌管款侍回鹘、吐蕃、党项、女真等族贡奉使节及贸易事项。同文馆：宋官署名。属鸿胪寺。掌管款侍高丽使节。⑭怀远驿：宋官署名。属鸿胪寺。景德三年置，以侍海南诸国进贡使节。⑮翌（yì）日：次日；明日。⑯楛箭：楛，似应为"搭"。过：传递。⑰中的：射中靶子。⑱灯山：形似大山之状的大型灯彩。

【译文】

新一年的正月初一，按例举行朝会大典，此时皇帝高坐于大庆殿之上。另外还有四位披甲戴盔体貌高大雄伟的武士分别站立在大殿的四角，称他们为"镇殿将军"。这一天，各国使节都要入殿朝贺，宫中大殿之上都要排列法驾仪仗，文武百官全都头戴冠冕，身穿朝服，各路应试举人中的解元也都身穿着士人的服饰依照次序站立班中，象征着他们官位的服饰是头戴二梁冠，身穿镶有青边的白袍。各州郡进入京城朝拜的进奏官，各自拿着本地土特产前来进献给皇上。各国使臣的着装分别是：大辽国的大使头戴金冠，这顶金冠的后檐又尖又长，就像一张大莲叶，身穿紫色窄袍，腰带上佩戴着金蹀躞为饰物；其副使身穿紫色官服，腰束金带，如同汉人的服饰。辽国大使拜见天子时左足直立屈膝，右膝下跪在地，以两手抱拳碰右肩为一拜；其副使朝拜的时候就如同汉官朝拜天子时的礼节。西夏国的正使与副使都是头戴短小样式的金冠，身穿红色的窄袍，腰带饰以金蹀躞，背后

披吊着厚重的带子，他们
都是叉手施行参拜之礼。
高丽和南番交州的使节都
与汉族的礼仪一样。回纥
使者个个都是长胡子高鼻
梁，用一匹布帛缠绕在头
上、随意披在身上就是他
们的着装。于阗国的使者
都戴小金花毡笠，身穿金
丝战袍，束着腰带，而且
是带着妻子和公子一同前
来，他们乘坐的骆驼上携
带着毡兜、铜铎等礼物前
来进贡。三佛齐国的使者
都长得身材瘦小，而且也
都是布帛缠头，红色的衣
服上分别都织有佛像。另
外还有南蛮五姓番的使臣，
他们都将发髻梳成高高的
锥形，戴着乌帽，所行朝
拜之礼，就像僧人礼拜一
样。入见天子后，皇上就
会赏赐他们汉服、锦袄之

类的衣物。还有真腊、大理、大食等国，有时也派遣使者前来朝贡。那些前来朝贡的大辽国使臣一般都安置在都亭驿，西夏国使臣安置在都亭西驿，高丽使节安置在梁门外安州巷同文馆内，回纥、于阗使节安置在礼宾院，其他各番国使节分别住在瞻云馆或怀远驿。只有对于大辽国、高丽的使者，宋朝皇帝才派人到馆驿中赐宴。大辽国使臣朝见天子完毕，第二天便前往大相国寺烧香。接下来的一天，他们一起到南御苑射箭，这时朝廷会即刻选派善射的武臣陪伴左右，然后就在南御苑赐宴款待众人，辽国使臣的随行人员也一同前去。射箭开始时，首先派遣招箭班的军士十余人分列在各垛子前守卫，辽国使臣大多使用弩子射箭。只见一个头裹无脚小幞头子、身穿锦袄的辽国人，快速踏开弩子，舞动手臂飞旋着搭上弩箭，然后递给使臣，那个辽国人看准靶心，瞄得端正，只让使臣拨动弩弓的牙机就将弩箭发射出去了。按照宋朝惯例，本朝伴射者用弓箭射中箭靶的，就会得赐闹装、银鞍马、衣着、金银器物等，但根据胜负情况赏赐会有所差别。如果伴射者取胜，京师中的市井少年争相拦路献上赞美颂诗，那时候，沿途观看的人几乎将道路都堵塞不通了。第二天，各国使节都入朝辞行。退朝以后，皇宫大内前的灯山已经点亮，街巷之上色彩斑斓，其速度之快，有如神助。

立春

【原文】

立春前一日，开封府进春牛入禁中鞭春①。开封、祥符两县，置春牛于府前。至日绝早，府僚打春，如方州仪。府前左右，百姓卖小春牛，往往花装栏坐②，上列百戏人物。春幡雪柳③，各相献遗。春日，宰执亲王百官皆赐金银幡胜④。入贺讫，戴归私第。

【注释】

①立春：农历二十四节气中的第一个节气。立春是中国民间重要的传统节日之一，自秦代以来，中国就一直以立春作为孟春时节的开始。鞭春：古时习俗，在"立春"日要进行迎春仪式，由人扮成主管草木生长的"句芒神"，鞭打春牛；由地方官吏行香主礼，叫作"打春"或"鞭春"。②往往：每每；时常。③春幡：中国旧时风俗。于立春日，缀簪之于首的一种银首饰，是一枚银簪，簪尾和一片长形小银片相连，小银片悬于簪似幡。立春时佩戴以示迎春之意。雪柳：宋代妇女在立春日和元宵节时插戴的一种绢或纸做成的头花。④春日：即立春日。幡胜：中国民间风俗。一种用金银箔纸绢剪裁制作的装饰品，有的形似幡旗，故名幡胜。

【译文】

立春的前一天，开封府进献"春牛"到宫中供打春之用。开封、祥符两县，也放置"春牛"在府署大门前。到了那一天的大清早，府衙里的官员和下属一起参与打春活动，就像开封府举行的鞭春仪式一样。府署门前的两边街市上，有一些百姓在卖泥制的"小春牛"，他们通常也是给"小春牛"的身上用彩花装饰，放置在有栏杆的底座上，上面还排列各种表演百戏的人物。京城中人这一天还要将为迎春而特制的春幡、雪柳等饰物互相赠送。立春那天，朝中的宰执、亲王以及文武百官都将得到皇帝赏赐的金银幡胜。他们入宫朝贺完毕，就可以戴着幡胜各自回到自己的府邸与家人欢庆了。

元宵

【原文】

正月十五日元宵，大内前自岁前冬至后①，开封府绞缚山棚②，立木正对宣德楼。游人已集御街，两廊下奇术异能，歌舞百戏，鳞鳞相切③，乐声嘈杂十余里。击丸蹴鞠，踏索上竿④；赵野人倒吃冷淘；张九哥吞铁剑；李外宁药法傀儡⑤；小健儿吐五色水，旋烧泥丸子；大特落灰药；榾柮儿杂剧⑥；温大头、小曹嵇琴；党千箫管⑦；孙四烧炼药方；王十二作剧术；邹遇、田地广杂扮⑧；苏十、孟宣筑球⑨；尹常卖五代史；刘百禽虫蚁；杨文秀鼓笛。更有猴呈百戏，鱼跳刀门，使唤蜂蝶，追呼蝼蚁。其余卖药、卖卦，沙书，地谜⑩，奇巧百端，日新耳目。至正月七日，人使朝辞出门，灯山上彩，金碧相射，锦绣交辉。面北悉以彩结山沓⑪，上皆画神仙故事。或坊市卖药卖卦之人，横列三门，各有彩结，金书大牌，中曰"都门道"，左右曰"左右禁卫之门"，上有大牌曰"宣和与民同乐"。彩山左右以彩结文殊、普贤，跨狮子、白象，各于手指出水五道，其手摇动。用辘轳绞水上灯山尖高处，用木柜贮之，逐时放下，如瀑布状。又于左右门上，各以草把缚成戏龙之状，用青幕遮笼，草上密置灯烛数万盏，望之蜿蜒如双龙飞走。自灯山至宣德门楼横大街，约百余丈，用棘刺围绕[12]，谓之"棘盆"。内设两长竿，高数十丈，以缯彩结束[13]，纸糊百戏人物，悬于竿上，风动宛若飞仙。内设乐棚，差衙前乐人作乐杂戏，并左右军百戏，在其中驾坐一时呈拽[14]。宣德楼上皆垂黄缘帘，中一位乃御座。用黄罗设一彩棚，御龙直执黄盖掌扇，列于帘外。两朵楼各挂灯球一枚，约方圆丈余，内燃椽烛[15]。帘内亦作乐，宫嫔嬉笑之声，下闻于外。楼下用枋木垒成露台一所，彩结栏槛[16]，两边皆禁卫排立，锦袍，幞头簪赐花[17]，执骨朵子[18]，面此乐棚。教坊、钧容直、露台弟子，更互杂剧。近门亦有内等子班道排列[19]。万姓皆在露台下观看，乐人时引万姓山呼。

【注释】

①冬至：是中国农历中一个重要的节气，也是中华民族的一个传统节日。②绞缚：搭建。山棚：古时为庆祝节日而搭建的彩棚，上有花朵和彩旗等装饰，其状如山高耸，故名。③鳞鳞：形容多得像鱼鳞一样。切：靠近、贴近。④击丸：古时的一种杂技表演，亦指这种杂技的表演者。蹴鞠（cù jū）：亦作"蹵鞠"，是我国古代的一种足球运动，起源甚早。踏索：即走索。杂技的一种，演员在悬空的绳索上表演。上竿：古时候的杂技，类似爬杆。⑤傀儡（kuǐ lěi）：亦作"傀垒"，指木偶戏中的木头人。⑥榾柮（gù duò）儿：人名。⑦嵇（jī）琴：古琴的一种，相传为嵇康所创制。箫管：即排箫和大管，也泛指管类乐器。⑧杂扮：又名"杂班"、"纽元子"，即杂剧之散段，宋代流行的一种小戏，以剧情简单，逗人喜笑著称。杂扮既可以依附于正杂剧，又可以独立演出，其演员有的由杂剧演员兼任，有的是专演杂

扮的艺人。⑨筑球：古代用杖击或用脚踢球。猴呈百戏：即耍猴戏。⑩沙书：是中国的传统艺术，一种技艺表演。是指用手撮细沙或石粉挥洒成字。地谜：就地设谜语让别人猜。⑪杳：似应为"杳"。⑫棘刺：荆棘、芒刺。⑬缯（zēng）彩：彩色缯帛。结束：意为打结捆扎。⑭呈拽（yè）：疑为地方方言词。设置、安排之意。⑮椽（chuán）烛：如椽之烛。特指大烛。⑯露台：高台，临时搭建的演出舞台。栏槛（kǎn）：栏杆。⑰簪（zān）：用来绾住头发的一种首饰，古代亦用以把帽子别在头发上；也可名词动用，插、戴。⑱骨朵子：即"骨朵"。古代兵器，用铁或硬木制成，顶端瓜形。宋朝皇帝最亲近之扈从禁军步军诸直中有骨朵子直，为宋禁军番号名，因手执

骨朵而称。⑲内等子：皇宫中的禁卫。

【译文】

正月十五日是每一年的元宵节。皇宫大内的门前从年前的冬至日以后，开封府就开始搭建山棚，所树立的木架子正对着宣德楼。从那时起，游人就已经开始陆续聚集到御街之上了，在御街两廊下上演各种神奇术法、特异技能，表演歌舞百戏的人，鱼鳞一般一片贴着一片，层出不穷，真可谓是乐曲声与人语声嘈杂喧天，相隔十余里都能听得见。放眼望去，有的表演击丸、蹴鞠，有的表演踏索、上竿；艺人中最著名的有赵野人表演的倒吃冷淘；张九哥表演的口吞铁剑；李外宁表演的药法傀儡；小健儿表演的口吐五色水，旋烧泥丸子；大特落灰药；榾柮儿表演的杂剧；温大头、小曹弹奏嵇琴；党千吹奏箫管；孙四表演的烧炼药方；王十二表演的作剧术；邹遇、田地广表演的杂扮；苏十、孟宣表演的筑球；尹常卖说评书"五代史"；刘百禽表演训弄虫蚁；杨文秀演奏鼓笛。另外还有人表演猴呈百戏，鱼跳刀门，使唤蜂蝶，追呼蝼蚁等精彩节目。其余的诸如卖药、卖卦、沙书、地谜等，各种奇异的术数与巧妙的表演，数以百计，每天都令人耳目一新。每年到了正月初七那一天，各国使者都要入朝辞行走出宫门，夜晚来临时，宫前的灯山已经张灯结彩，金碧辉煌，相互照耀，锦绣流彩，交相辉映。朝北面向宣德楼方向，全部以彩带结扎，重叠堆积如山，上面都描画着各种神仙故事。有那坊市中卖药卖卦之人，在山棚前横着排列三座彩门，各自都有彩结装饰的金书大招牌，中间的彩门用金泥书写的是"都门道"，左右两边的叫"左右禁卫之门"，横亘在其上面的大牌匾上写着"宣和与民同

乐"。在这彩山的左右两边有用彩带扎结而成的文殊、普贤菩萨，他们分别骑着狮子、白象，只见从两位菩萨各自的手指间流出水柱五道，而且还能看见他们的手在摇动，仙气十足。另外有专人使用辘轳绞水到灯山的最高处，然后用木柜将水贮满，并按时放下水闸，飞泻而下的水流犹如瀑布之状。另外还在左右两座彩门上方，各用草把扎成一条飞龙，对应成二龙戏珠的形状，双龙都用青色的帷幕遮蔽笼罩，并在草把上密密麻麻地放置灯烛数万盏，远远望去，蜿蜒起伏如同双龙腾飞游走一般。从灯山到宣德门城楼前的横大街，约有百余丈远的地方，用荆棘芒刺围绕，这叫作"棘盆"。在这里边设置两根长竿，高达数十丈，分别用彩色缯帛打结扎缚装饰一新，并用纸糊成百戏人物，悬挂在长竿之上，当有风来随之晃动，宛若天上飞行的神仙。"棘盆"之内设有乐棚，差遣府衙中的乐人前来奏乐并演出杂戏，连同左右禁军的百戏，也都在其中安排表演。皇上的坐席一时间安排在宣德楼上，因此宣德楼上就要悬垂着镶黄边的帘子，楼上正中就是天子的座位。还要用黄罗设置一道彩棚，并由御龙直侍卫手执黄盖掌扇，分别排列在黄帘外。宣德楼两旁的朵楼各悬挂灯球一枚，大约方圆一丈有余，球中点燃如椽子般粗细的巨烛。帘内也有乐队奏乐，宫嫔的嬉笑之声，飘下城楼，在城楼外面都能听到。宣德楼下有用大枋木垒成的露台一所，并用彩带绾结装饰周围的栏杆，露台两边都有禁卫兵士排列守卫，所有兵士都身穿锦袍，幞头上插着天子所赐的绢花，手执骨朵子，面朝这座乐棚站立。教坊司、钧容直、露台上的优伶弟子，不断地交替变换着表演各类杂剧。靠近城门楼的地方也有皇宫禁卫军并排站立在那里值守护卫。万民百姓都在露台下观看表演，乐人们演到高潮之处，时不时地带领台下百姓山呼万岁。

十四日车驾幸五岳观

【原文】

正月十四日，车驾幸五岳观迎祥池，有对御〔谓赐群臣宴也〕，至晚还内。围子亲从官①，皆顶毯头大帽，簪花，红锦团答戏狮子衫②，金镀天王腰带，数重骨朵。天武官皆顶双卷脚幞头，紫上大搭天鹅结带宽衫。殿前班顶两脚屈曲向后花装幞头，着绯青紫三色撚金线结带望仙花袍③，跨弓剑，乘马，一扎鞍辔，缨绋前导④。御龙直一脚指天一脚圈曲幞头，着红方胜锦袄子，看带束带，执御从物，如金交椅、唾盂、水罐、果垒、掌扇、缨绋之类。御椅子皆黄罗珠蹙⑤，背座则亲从官执之。诸班直皆幞头锦袄束带。每常驾出，有红纱帖金烛笼二百对，元宵加以琉璃玉柱掌扇灯。快行家各执红纱珠络灯笼⑥。驾将至，则围子数重外，有一人捧月样兀子⑦，锦覆于马上。天武官十余人簇拥扶策，喝曰："看驾头！"次有吏部小使臣百余，皆公裳，执珠络毯杖，乘马听唤。近侍余官皆服紫绯绿公服，三衙、太尉、知阁⑧、御带罗列前导。两边皆内等子，选诸军膂力者⑨，着锦袄顶帽，握拳顾望，有高声者，捶之流血。教坊、钩容直乐部前引，驾后诸班直马队作乐，驾后围子外，左则宰执侍从，右则亲王、宗室、南班官。驾近则列横门，十余人击鞭，驾后有曲柄小红绣伞，亦殿侍执之于马上。驾入灯山，御辇院人员辇前喝"随竿媚来"⑩，御辇团转一遭，倒行观灯山，谓之"鹁鸽旋⑪"，又谓之"踏五花儿"，则辇官有喝赐矣。驾登宣德楼，游人奔赴露台下。

【注释】

①围子：天子出巡时负责警卫的侍卫。②毬（qiú）：同"球"。簪（zān）花：谓插花于冠。古时喜庆之日，朝廷百官巾帽上都簪花。③橪：似应为"撚（niǎn）"，同"捻"。④鞍辔（pèi）：鞍子和驾驭牲口的嚼子、缰绳。缨绋（yīng fú）：犹拂尘。⑤蹙（cù）：这里指古代的一种刺绣方法。刺绣时紧其线，使之紧密匀贴。⑥快行家：宋代宫廷中供奔走传达命令的官吏。⑦兀子：即杌（wù）子，小矮凳。这里指放在马背上的小靠椅。⑧三衙：宋代掌管禁军的军事结构，即殿前都指挥司、侍卫亲军马军都指挥司、侍卫亲军步军都指挥

司，合称三衙。太尉：中国秦汉到元时期中央军事的最高官员。后来，太尉一职逐渐成为虚衔或加官。知阁：是"知阁门事"的省称。⑨膂（lǚ）力：体力，力气。⑩御辇（niǎn）院：宋官署名，负责掌管皇帝步辇及宫廷车乘。辇，古时用人拉或推的车，后多指天子或王室坐的车子。⑪鹁（bó）鸽：一种可以家饲的鸽子，身体上面灰黑色，颈部和胸部暗红色。

【译文】

正月十四日这一天，皇上乘坐车驾巡幸五岳观迎祥池，然后举行了赐群臣宴，直到晚上皇上才起驾回到内宫。这一路上，负责警卫的近身侍卫、亲从官，全部头顶戴着球头大帽，帽上插簪花，身穿红锦团答戏狮子衫，腰束镀金天王腰带，数重手持骨朵的仪仗队排列整齐。天武官都是头顶戴着双卷脚的幞头，身穿紫色大披肩，外加天鹅结带宽衫。殿前班侍卫头戴两脚屈曲向后的花装幞头，身穿镶有红、青、紫三种颜色捻金线结带望仙花袍，身佩弓剑，骑高头大马，同一样式的鞍辔，以缨绋为前导。御龙直卫士个个头戴一只脚直立朝天、一只脚卷曲成圈的幞头，身穿有红色方胜的锦袄子，看上去宽宽的束带，手里拿着皇上出行时所用的随身物件，比如金交椅、唾盂、水罐、果垒、掌扇、缨绋之类的东西。天子所用的御椅子全部由黄罗铺垫，上面点缀着珍珠而且刺绣匀贴，靠背和座位都由亲从官用手把持着。诸班直卫士则全部头戴幞头，身穿锦袄，腰间扎束腰带。平时每次皇上车驾出行，都会有红纱帖金包裹而成的烛火灯笼二百对前后簇拥，在元宵节夜晚出行时则增加了琉璃玉柱掌扇灯。快行家则手执缀有珍珠的红纱珠络灯笼。车驾即将到达地点的时候，除近身侍卫一层又一层列队站好外，有一人手捧月牙状的小靠椅，上面用锦锻覆盖妥帖，放在马背上。然后由十多个天武官卫士前后左右簇拥扶持着缓步前行，并且向道路两边的行人大声喝叫："看驾头！"紧接着就会有吏部小使臣百余人，他们都是身穿公服，手里拿着珠络毬杖，乘坐在马上紧随其后，听候使唤。近侍和其余官员也都分别身穿紫、红、绿三种颜色的公服，三衙官员、太尉、主管诸阁分的内官，都身披御带排列在圣驾前边为引导。两边全都是身为禁卫军的内等子，并在禁军中挑选体力强健的武士，让他们身穿锦袄，头戴盔帽，握紧拳头四下观望严阵以待，如果发现有高声喧哗不听劝阻的，就迎上前去拳打脚踢直到流血。教坊司以及钧容直的乐队在前边奏乐为引导，皇上车驾后由诸班直乐队骑在马上进行奏乐跟随，而跟在皇上车驾后面的近身侍卫的外围，左边是宰执及其侍从，右面是亲王、宗室、南班官。皇上车驾临近的时候，就会自动列成横门，并有十余人击鞭鸣响以此壮威，圣驾身后有一顶曲柄的小红绣伞，也由殿前侍卫用手持举着骑在马上紧紧相随。车驾进入灯山以后，御辇院的人员就会在辇前呼喝"随竿媚来"，于是御辇就绕行一圈，倒退着观看灯山，这叫"鹁鸽旋"，又叫"踏五花儿"，随后辇官有时就能因呼喝而得到皇上的赏赐了。等到圣驾登上宣德楼，游人们便都奔赴露台之下观看演出了。

十五日驾诣上清宫

【原文】

十五日，诣上清宫①，亦有对御②。至晚回内。

【注释】

①诣（yì）：到，来到。②对御：此指皇上赐宴，与群臣共饮。

【译文】

正月十五日这一天，天子圣驾来到上清宫，同时也有赐宴的恩泽，并与群臣对坐共饮。到晚上才起驾回宫。

十六日

【原文】

十六日，车驾不出，自进早膳讫①，登门，乐作卷帘，御座临轩宣万姓。先到门下者，犹得瞻见天表，小帽红袍，独卓子。左右近侍，帘外伞扇执事之人。须臾下帘则乐作②，纵万姓游赏。两朵楼相对：左楼相对郓王以次彩棚幕次③，右楼相对蔡太师以次执政戚里幕次。时复自楼上有金凤飞下诸幕次，宣赐不辍④。诸幕次中家妓，竞奏新声，与山棚露台上下，乐声鼎沸。西朵楼下，开封尹弹压，幕次罗列罪人满前，时复决遣⑤，以警愚民。楼上时传口勅⑥，特令放

罪。于是华灯宝炬，月色花光，霏雾融融⑦，动烛远近。至三鼓，楼上以小红纱灯球缘索而至半空，都人皆知车驾还内矣。须臾闻楼外击鞭之声，则山楼上下灯烛数十万盏，一时灭矣。于是贵家车马，自内前鳞切⑧，悉南去游相国寺。寺之大殿前设乐棚，诸军作乐。两廊有诗牌灯云："天碧银河欲下来，月华如水照楼台"，并"火树银花合，星桥铁锁开"之诗。其灯以木牌为之，雕镂成字，以纱绢幂之，于内密燃其灯，相次排定，亦可爱赏。资圣阁前，安顿佛牙，设以水灯，皆系宰执戚里贵近占设看位⑨。最要闹九子母殿，及东西塔院惠林、智海、宝梵，竞陈灯烛，光彩争华，直至达旦。其余宫观寺院，皆放万姓烧香。如开宝、景德、大佛寺等处，皆有乐棚，作乐燃灯。惟禁宫观寺院⑩，不设灯烛矣。次则葆真宫，有玉柱玉帘窗隔灯。诸坊巷、马行，诸香药铺席、茶坊、酒肆灯烛，各出新奇。就中莲华王家香铺灯火出群，而又命僧道场打花钹⑪、弄椎鼓，游人无不驻足。诸门皆有官中乐棚。万街千巷，尽皆繁盛浩闹。每一坊巷口，无乐棚去处，多设小影戏棚子，以防本坊游人小儿相失，以引聚之。殿前班在禁中右掖门里⑫，则相对石掖门设一乐棚，放本班家口登皇城观看。官中有宣赐茶酒妆粉钱之类。诸营班院，于法不得夜游，各以竹竿出灯毬于半空⑬，远近高低，若飞星然。阡陌纵横，城闉不禁⑭。别有深坊小巷，绣额珠帘，巧制新妆，竞夸华丽。春情荡扬，酒兴融怡，雅会幽欢，寸阴可惜⑮，景色浩闹，不觉更阑。宝骑骎骎⑯，香轮辘辘，五陵年少，满路行歌，万户千门，笙簧未彻。市人卖玉梅、夜蛾、蜂儿、雪柳、菩提叶、科头圆子、拍头焦槌⑰。唯焦槌以竹架子出青伞上，装缀梅红缕金小灯笼子，架子前后，亦设灯笼，敲鼓应拍，团团转走，谓之"打旋罗"，街巷处处有之。至十九日收灯，五夜城阛不禁，尝有旨展日。宣和年间，自十二月于酸枣门〔二名景龙〕门上，如宣德门元夜点照，门下亦置露台，南至宝箓宫，两边关扑买卖。晨晖门外设看位一所，前以荆棘围绕，周回约五七十步，都下卖鹌鹑骨饳儿、圆子、馉拍、白肠、水晶鲙、科头细粉[18]、旋炒栗子银杏、盐豉汤、鸡段、金桔、橄榄、龙眼、荔枝，诸般市合，团团密摆，准备御前索唤。以至尊有时在看位内，门司、御药、知省、太尉悉在帘前，用三五人弟子祗应[19]。粝盆照耀[20]，有同白日。仕女观者，中贵邀住，劝酒一金杯令退。直至上元，谓之"预赏"。惟周待诏瓠羹贡余者，一百二十文足一个，其精细果别如市店十文者。

【注释】

①膳（shàn）：指地位尊贵的人所吃的饭菜。讫（qì）：完结，终了。②须臾（xū yú）：是衡量时间的词语，表示一段很短的时间，片刻之间。③郓（yùn）王：是宋徽宗第三子赵楷。④宣赐：指帝王赏赐。⑤开封尹：即开封府尹，宋朝一重要官职名，位在尚书下、侍郎上，一般是从一品或二品官衔，下设官吏有判官、推官、府院、六曹等。决遣：审判、发落。⑥口敕（chì）：帝王的口谕。敕：同"敕"。此指皇帝颁示的口谕。⑦霏雾：缥缈的云雾。⑧鳞切：紧密排列如鱼鳞。⑨佛牙：传说是释迦牟尼火化后遗留下来的牙齿，佛教徒视为珍宝。贵近：显贵的近臣。⑩宫观寺院：此处指佛教和道教的庙宇。⑪钹（bó）：古称铜钹、铜盘，民间称镲（chǎ）。属于一种打击乐器。⑫掖门：宫殿正门两旁的边门。⑬诸营班院：此处指各有关官署。毬（qiú）：同"球"。⑭阡陌（qiān mò）纵横：指田地间小路纵横交错。此指城

内街巷。城闉（yīn）：古代城门外的瓮城，此处指城门。⑮可惜：值得珍惜。⑯骎（qīn）骎：形容马跑得很快的样子。⑰焦（餦）：蒸饼、烧饼一类的食品。⑱水晶鲙（kuài）：将切细的鱼、肉碎片配以佐料，经烹饪、冷冻后而成的半透明块状食品。科头细粉：以淀粉为原料制成的一种食品名。⑲门司：守门的小吏。御药：此处指御药院的官员，御药院是专为皇宫调配药品的地方。知省：宫廷的内侍官。祇（zhī）应：恭敬地伺候；祇应司，官署名。⑳粎（shēn）盆：中国民间于除夕焚烧木柴竹叶以祭祀祖先、神灵，谓之生盆，又称粎盆。

【译文】

正月十六日这一天，天子不出宫。从进食早膳完毕，天子就登上宣德门的城楼，此时奏乐声响起，同时卷起所有垂挂的帘子，天子的御座就设在临近楼门临街的地方，在此宣谕要与天下万民百姓同乐。那些最先赶到城楼下的百姓还能观瞻到天子的仪容。那时候，天子头戴小帽，身穿红袍，面前单独摆放一张几案。左右两旁分别有近身侍卫站立，帘子之外是撑盖伞、持掌扇等执事之人。片刻之间，就会有人过来放下帘子，但奏乐声依旧悠扬四起，放任百姓尽情游览观赏节日盛景。宣德楼两旁的两座朵楼遥遥相对：左朵楼相对的是郓王，以及在他之下依次排列的皇亲府邸设置的彩棚、帐幕；右朵楼相对的是太师蔡京，以及在他之下依次排列的朝中执政大臣和国戚府邸安置的彩棚、帐幕。在这一天里，时而从主城楼上方有"金凤"飞下来，落在各个帐幕之间，其中天子宣布的赏赐就这样不间断地降临着。各个帐幕之中，皇亲和显贵们家中的歌伎舞姬竞相表演新颖的乐曲，这与远处的山棚、露台上下的乐曲欢声相互交融，喧闹、嘈杂之声如同鼎中之水沸腾一般。西朵楼下方空地上，开封府尹带领衙役在那里管控百姓秩序，被押解而来排列在帐幕前的罪犯站得满满的，此时正一个又一个地进行审判发落，以这样的方式来警告那些愚昧无知的百姓不要触犯法令。这时，宣德城楼上也会不时传来天子的口谕，特令赦罪开释一些罪犯。在这个时候，华美的灯笼、贵重的巨烛，以及朗朗月色、耀目的花光，都在夜晚缥缈的云雾中洋溢着和乐融融的气氛，摇曳的烛光由远到近。到了三更时分，宣德城楼上有人把小红纱灯球顺着绳索悬挂在半空，京城中人一看便知道天子乘坐车驾已经回宫了。不大一会儿，就会听到城楼外响起了击鞭之声，于是山棚之间、城楼上下，数十万盏灯烛，几乎同一时间全部熄灭了。这时，富贵人家的车马随从，就从皇宫大内门前紧密排列如鱼鳞一般，拥挤着全部朝南去游览相国寺。在相国寺大殿前设置了硕大的乐棚，并有禁卫军各部乐队在那里奏乐。大殿两廊都有诗牌灯，上面分别写着"天碧银河欲下来，月华如水照楼台"，还有"火树银花合，星桥铁锁开"的诗句。那些诗牌灯是用木牌做成的，在木牌上雕镂成字，并用薄薄的纱绢遮覆在木牌上，在牌子里侧密集地点上灯烛，都按次序排列整齐，也是很可爱又很值得观赏之景了。来到资圣阁前，就能看到安放妥当的佛牙，四周设置以水灯托衬，这里边全都是宰执权重、皇亲国戚、朝廷中的显贵、近臣占据安放好的观看座席。寺中最热闹的是九子母殿及东西塔院，比如惠林、智海、宝梵等院，竞相陈列各种灯烛，光彩夺目，争奇斗艳，一直闪亮到天明。京城之中的其余宫观寺院，都准许万民百姓入内烧香。诸如开宝寺、景德寺、大佛寺等处，也都设有大型乐棚，夜晚不乏喧闹的奏乐以及点燃灯烛。只有皇宫内院里的宫观寺内不设置如此繁华的灯烛。其次则是葆真宫，那里设有阻燃的玉柱和玉帘窗隔开灯火。城中各坊里巷以及马行街上的各家香药店铺、茶坊、酒肆等所点燃的灯烛，各自都拿出新奇的样式。其中就数莲华王家香铺的灯火最为超群出众，而且还请来了僧人做道场，打花钹、弄锥鼓，过往的游人无不停下脚步观看。京城各城门都有官府设置的乐棚。京城之中的万街千巷，到处都是繁华热闹的景象。每一个街坊巷口，没有乐棚可以前去观看的地方，大多设有小影戏棚子，以备本街坊游人的小孩走失后可以暂时安顿在这里，并引路寻访使之与家人团聚。皇宫的殿前班直在禁宫内的右掖门里守卫，然后在相对右掖门的地方设置了一个乐棚，以便安排本班轮值人员的家人登上皇城观看花灯。官中也有天子赏赐的茶钱、酒钱、妆粉钱之类。禁军中各营班院的值守人员，按照法规不允许在节日夜晚出去游玩，他们只好各自在驻地用竹竿挑出灯球悬在半空，远近高低各不同，灯球随风摇曳，烛光闪耀，犹如天上的星星飞动一样。京城内的各条街巷纵横交错，节日期间出入城门都不加禁止。京城内另外还有一些深坊小巷，人们也都在

门窗之上挂着绣额珠帘，各自都巧手精心制作，妆点新奇，竞相夸耀华丽，人们个个满面春风，欢情荡漾，酒兴酣浓，心情愉悦融暖安怡，如此良宵之夜，风流雅士聚会，有情人月下幽会欢颜，每一刻快乐时光都格外令人珍惜，或许是因为节日的景色诱人，过于繁华喧闹，这里的游人竟不觉得早已更深夜阑珊。此时的街面上依旧是名贵的宝马欢快地奔驰，贵妇的香车车轮辘辘，京陵之中的富家子弟，满街边走边唱，千家万户的宅院之中，笙箫悠扬，乐声整夜不绝。市井之上有商贩在卖玉梅、夜蛾、蜂儿、雪柳、菩提叶、科头圆子、拍头焦馍等物品。唯独卖拍头焦馍的，把竹架子安置在青伞之上，并装缀梅红色镶金缕丝的小灯笼，在竹架子的前后也设有小灯笼，随着敲鼓击拍回应的节奏，挂在上边的小

灯笼围绕着架子团团转动游走，这叫作"打旋罗"，这景致在街巷中随处可见。从正月十九日开始收灯，连续五天夜晚京城内外没有任何禁令，甚至曾经有圣旨允许元宵灯节延展日期。宋徽宗宣和年间，从十二月起在酸枣门（又叫景龙门）的门楼上，像宣德门元宵节夜晚点燃灯火照明那样，城门下也设置大型露台，往南一直到宝箓宫，街道两边都是各类关扑、买卖铺位。晨晖门外设有观看席位一所，在这看台前用荆棘围绕，外周回返约有五七十步，都是到京城集市中卖鹌鹑骨饳儿、圆子、馓拍、白肠、水晶鲙、科头细粉、现炒栗子白果、盐豉汤、鸡段、金桔、橄榄、龙眼、荔枝的，各种物品都搬运到集市中汇合，团团层层地密密摆放，准备供应宫中随时索要呼唤。因为当朝天子有时在看台的御位内观看灯会，那时候门司、御药、知省、太尉等近臣与内侍，全部都在帘子前边站立候旨，并用三五个年轻的祗应司弟子小心侍候着。祭祀神灵的粞盆中火光照耀，有如白天一样。遇到官宦人家的女子出来游观，京城中的显贵宦官就要前去邀请她们停住脚步，很绅士地拿起金杯劝饮一杯才让她们离开。这样的礼节一直延续到上元节，这叫"预赏"。唯有周待诏瓠羹店的瓠羹，除了送入宫中进贡以外，余下的都要卖到足足一百二十文一个，不过，他们那制作精细的程度，确实有别于在集市其他店铺中十文钱买一个的那种瓠羹。

收灯都人出城探春

【原文】

收灯毕，都人争先出城探春①。州南则玉津园外，学方池亭榭、玉仙观，转龙湾西去，一丈佛园子、王太尉园，奉圣寺前孟景初园，四里桥望牛冈、剑客庙。自转龙湾东去陈州门外，园馆尤多。州东宋门外快活林、勃脐陂②、独乐冈、砚台、蜘蛛楼、麦家园、虹桥、王家园。曹、宋门之间东御苑、乾明崇夏尼寺。州北李驸马园。州西新郑门大路，直过金明池西，道者院，院前皆妓馆。以西宴宾楼，有亭榭、曲折池塘、秋千画舫，酒客税小舟帐设游赏③。相对祥祺观，直至板桥，有集贤楼、莲花楼，乃之官河东④、陕西五路之别馆，寻常钱送置酒于此。过板桥，有下松园、王太宰园、杏花冈，金明池角南去水虎翼巷，水磨下蔡太师园。南洗马桥西巷内，华严尼寺、王小姑酒店。北金水河两浙尼寺、巴娄寺，养种园，四时花木，繁盛可观。南去药梁园、童太师园⑤。南去铁佛寺、鸿福寺、东西栢榆村。州北模天坡角桥，至仓王庙、十八寿圣尼寺、孟四翁酒店。州西北元有庶人园，有创台、流杯亭榭数处，放人春赏。大抵都城左近，皆是园圃⑥，百里之内，并无阒地⑦。次第春容满野⑧，暖律暄晴⑨，万花争出粉墙，细柳斜笼绮陌⑩。香轮暖辗，芳草如茵⑪，骏骑骄嘶，杏花如绣，莺啼芳树，燕舞晴空。红妆按乐于宝榭层楼，白面行歌近画桥流水。举目则秋千巧笑⑫，触处则蹴鞠疏狂⑬。寻芳选胜，花絮时坠金樽⑭；折翠簪红，蜂蝶暗随归骑。于是相继清明节矣。

【注释】

①探：原本作"采"，应为"探"字之误。②陂（bēi）：山坡。③画舫（fǎng）：指装饰漂亮、美丽的游船，专供游人乘坐的船。税：租借、租赁。④之官：到……上任。⑤童太师：即童贯，字道辅（一作道夫），开封人，北宋权宦，性巧媚，"六贼"之一。初任供奉官，在杭州为徽宗搜括书画奇巧，助蔡京为相，京荐其为西北监军，领枢密院事，掌兵权二十年，权倾内外；时称蔡京为"公相"，称他为"媪相"。⑥大抵：指大概；大都；表示总括一般的情况。左近：临近。园圃：种植瓜果蔬菜的场地。⑦阒（qù）：空。⑧次第：转眼间，顷刻间。⑨暖律：古代以时令合乐律，温暖的节候称为"暖律"。春天已转暖，故称暖律。暄晴：温暖晴朗。⑩绮陌（qǐ mò）：繁华的街道，也指风景美丽的郊野道路。⑪芳草如茵：形容草十分茂盛，像绿毯一般舒畅而柔软。茵：指铺垫的东西，垫子、褥子、毯子的通称。⑫巧笑：美好的笑容。⑬疏（shū）狂：亦作"疏狂"。豪放，不受拘束，狂放不羁的样子。⑭金樽（zūn）：亦作"金尊"。酒樽的美称。樽，中国古代的盛酒器具。

【译文】

元宵节灯会结束并收回灯盏以后，京都中人便开始争相出城探春。州城南面除了玉津园外，还有学方池亭榭、玉仙观，由转龙湾向

西去，有一丈佛园子、王太尉园，奉圣寺前面有孟景初园，四里桥有望牛冈、剑客庙。从转龙湾向东去走到陈州门外，园林楼馆就更多了。州城东面的宋门外有快活林、勃脐陂、独乐冈、砚台、蜘蛛楼、麦家园、虹桥、王家园。在曹门和宋门之间有东御苑、乾明崇夏尼寺。州城北面有李驸马园。州城以西，顺着新郑门大路，一直能穿过金明池西的道者院，这个道观院前面全都是妓院。从这里向西去就是宴宾楼，这里有亭榭、曲折弯转的池塘、绿树秋千、游船画舫，来到这里的酒客可以租赁一只小舟，然后坐在船篷之中对饮小酌，一路尽情悠游观赏。与宴宾楼相对的是祥祺观，

向前直行可到板桥，这里有集贤楼、莲花楼，这就是到河东、陕西五
路赴任的官员途中歇息的客馆，平常为亲人朋友钱别送行，也都是在
这两所楼馆之中设置酒宴话别。过了板桥，有下松园、王太宰园、杏
花冈，从金明池角上向南去是水虎翼巷，水磨的下方不远处就是蔡太
师园。南洗马桥西巷内，是华严
尼寺、王小姑酒店。北金水河有
两浙尼寺、巴娄寺，养种园中，
有适应四季生长的花草树木，每
当鲜花盛开时节，繁茂兴盛颇值
得观赏。向南去是药梁园、童太
师园。再往南去是铁佛寺、鸿福
寺、东西栢榆村。州城北有模天
坡角桥，可到达仓王庙、十八寿
圣尼寺、孟四翁酒店。州城西北
原来有庶人园，有创台、流杯台
榭等几个去处，也都准许游人进
入里边春游赏景。总体来说，大
致在京城附近，都是园圃，京城
郊外百里之内，并无闲置之地。
元宵节日过后，转眼间便是春色
盎然遍布原野了，此时温暖的旋
律使气候变得暄和晴朗，万花竞
相开放，争抢着探出粉白色的围

墙，柔细的柳枝委婉地随风摇曳聚拢，靓丽了繁华的街道。豪华香车的车轮轻缓地辗过林荫路，掠过眼前的是轻软如绿毯一样的芳草地，骏马在欢快嘶鸣，杏花娇艳如锦绣，莺啼声声环绕于满树芳菲之间，燕子在晴空飞舞。红妆美女在宝榭层楼中弹琴奏乐，白面书生于画桥流水间行吟放歌。举目四望，随处可见荡起的秋千之上倩女那美好的笑容，所到之处，尽是蹴踘场上少年男儿狂放不羁的身影。探寻春色芳菲，选取怡人胜景，这里看尽翩翩花絮不时坠入金樽；折来翠枝，插戴花红，引得蜂蝶暗中追随策马奔驰的归来坐骑。就这样，不知不觉之中接连而来的就是清明节了。

卷七

清明节

【原文】

清明节，寻常京师以冬至后一百五日为大寒食。前一日谓之"炊熟"，用面造枣𩜼飞燕①，柳条串之，插于门楣，谓之"子推燕②"。子女及笄者，多以是日上头③。寒食第三节，即清明日矣。凡新坟皆用此日拜扫，都城人出郊。禁中前半月，发宫人车马朝陵。宗室南班近亲，亦分遣诣诸陵坟享祀。从人皆紫衫、白绢三角子、青行缠④，皆系官给。节日，亦禁中出车马，诣奉先寺道者院，祀诸宫人坟，莫非金装绀幰⑤，锦额珠帘，绣扇双遮，纱笼前导。士庶阗塞⑥，诸门纸马铺，皆于当街用纸衮叠成楼阁之状⑦。四野如市，往往就芳树之下，或园囿之间⑧，罗列杯盘，互相劝酬。都城之歌儿舞女，遍满园亭，抵暮而归。各携枣𩜼、炊饼、黄胖、掉刀，名花、异果、山亭、戏具⑨，鸭卵鸡雏，谓之"门外土仪"。轿子即以杨柳杂花装簇顶上，四垂遮映。自此三日，皆出城上坟，但一百五日最盛。节日，坊市卖稠饧⑩、麦糕、乳酪、乳饼之类。缓入都门，斜阳御柳；醉归院落，明日梨花。诸军禁卫，各成队伍，跨马作乐四出，谓之"摔脚"。其旗旌鲜明⑪，军容雄壮，人马精锐，又别为一景也。

【注释】

①枣䭏：嵌有大枣的馒头。②子推燕：寒食节是纪念介子推的，所以有“子推燕”这一说。③子女：此处指女孩子。笄（jī）：古代中国女子用以装饰的一种簪子，用来插住挽起的头发，或插住帽子。在古代，中国女子满十五岁称为“及笄”，也称“笄年”。上头：指女子束发插笄，为成年的象征。④官人：此处指官名，负责君王的日常生活事务。陵坟：陵墓。三角子：有三个角的头巾。⑤官人：此处指嫔妃。绀幰（gàn xiǎn）：天青色的车帷幔。⑥阗（tián）塞：拥塞；拥挤、堵塞。⑦纸马铺：古时候经营香烛纸马的店铺。衮（gǔn）

叠：卷曲折叠。⑧芳树：指代花木。园圃（yòu）：养育花木、鸟兽之地。⑨山亭：泥制的风景、建筑、人物等小玩具的统称。戏具：赌具和游戏用具的统称。⑩稠饧（xíng）：是一种厚的饴糖。⑪旗旄（máo）：亦作"旂旄"。泛指军队中用以指挥的旗帜。

【译文】

清明节，通常京城人以冬至后第一百零五日为大寒食。大寒食的前一日叫作"炊熟"，各自在家里用面粉蒸制飞燕状的枣锢，然后用柳条串起来，插在门楣上，这就叫作"子推燕"。谁家的女孩子年满十五岁到了"及笄"的年龄，大都在这一天束发插簪，以示成年。寒食节的第三天，就是清明祭祀节了。差不多所有新坟都在这一天前去拜奠祭扫，因而京城中人纷纷出城到郊外去。皇宫中在清明节前半个月，就已经派宫人乘坐车马前去拜祭本朝历代皇帝的陵墓了。所有宗室、南班官等皇室近亲，也分别被派遣前往各陵墓坟前进行祭祀。那些随从之人全部身穿紫色长衫，头戴白绢三角子，脚裹青色绑腿，这些服饰都是由官家供给。清明节那天，也是皇宫中派出车马，前往奉先寺、道者院，祭祀诸位已经故去的嫔妃坟墓的日子。那时，宫中所派出的车马没有一辆不是用金色装饰车身，配以天青色的车幔，而且还有锦缎的车额以及璀璨的珍珠垂帘，两边由刺绣的掌扇遮挡，并有手提绢纱灯笼的侍卫为前导。士人以及平民百姓前来观看以及前去祭祀的人流熙熙攘攘堵塞了城门街道，京城各门的纸马铺，都在当街摆放着纸马等祭祀用品，卷曲折叠堆成了楼阁的形状吸引过客。郊外四野如集市一般热闹异常，那些踏青之人往往就在花树之下，或园圃之间，摆列一些杯盘果品，相互敬酒酬谢。京城里男男女女的歌舞艺人，遍布于各处亭园之中献艺，直到日落西山才返回家中。他们各自携带枣锢、炊饼、黄胖、掉刀，名花、异果，山亭、戏具，鸭蛋、雏鸡等各式物品，这些叫作"门外土仪"。出城的轿子一般都用杨柳枝条和各种杂色花朵装饰一新，堆簇在轿顶上，又从四面垂挂下来，飘荡摇曳着将轿子遮映，别有一番韵味。自大寒食起连续三天当中，京城中人都出城到坟地祭祀，但以冬至后第一百零五日最为繁盛。节日期间，街坊集市中有卖稠饧、麦糕、乳酪、乳饼之类食品的。傍晚，人们缓缓进入都城大门，此时，斜阳的余晖正映照在御道的柳树上；乘醉归来回到自家院落，看明月的清光洒落在洁白的梨花间。各营房卫所的禁军，各自排成整齐的队伍，骑马奏乐，出入四面八方巡视值守，这叫作"摔脚"。他们的队伍旗帜鲜明，军容雄壮，人马精锐，这又成为京城之中一道特别的景观。

三日一日开金明池琼林苑

三月一日，州西顺天门外，开金明池琼林苑，每日教习军驾上池仪范。虽禁从士庶许纵赏，御史台有榜不得弹劾[1]。池在顺天门外街北，周围约九里三十步，池西直径七里许。入池门内南岸西去百余步，有面北临水殿，车驾临幸，观争标、锡宴于此。往日旋以彩幄[2]，政和间用土木工造成矣。又西去数百步，乃仙桥，南北约数百步，桥面三虹，朱漆阑楯，下排雁柱[3]，中央隆起，谓之"骆驼虹"，若飞虹之状。桥尽处，五殿正在池之中心。四岸石甃向背[4]，大殿中坐，各设御幄，朱漆明金龙床[5]，河间云水戏龙屏风，不禁游人。殿上下回廊，皆关扑钱物、饮食，伎艺人作场[6]、勾肆，罗列左右。桥上两边，用瓦盆内掷头钱[7]，关扑钱物、衣服、动使。游人还往，荷盖相望[8]。桥之南立棂星门，门里对立彩楼。每争标作乐，列妓女于其上。门相对街南有砖石甃砌高台，上有楼观[9]，广百丈许，曰宝津楼。前至池门，阔百余丈，下阚仙桥水殿[10]。车驾临幸，观骑射百戏于此。池之东岸，临水近墙皆垂杨，两边皆彩棚幕次，临水假赁，观看争标。街东皆酒食店舍，博易场户，艺人勾肆，质库，不以几日解下，只至闭池，便典没出卖⑪。北去直至池后门，乃汴河西水门也。其池之西岸，亦无屋宇，但垂杨蘸水，烟草铺堤，游人稀少，多垂钓之士，必于池苑所买牌子，方许捕鱼。游人得鱼，倍其价买之，临水斫脍⑫，以荐芳樽，乃一时佳味也。习水教罢，系小龙船于此。池岸正北对五殿起大屋，盛大舟船，谓之"奥屋"。车驾临幸，往往取二十日。诸禁卫班直簪花，披锦绣，捻金线衫袍，金带勒帛之类，结束竞逞鲜新。出内府金枪，宝装弓剑，龙凤绣旗，红缨锦瞥，万骑争驰，铎声震地⑬。

【注释】

　①禁从：帝王的侍从，特指翰林学士之类的文学侍从官。弹劾（tán hé）：君主时代担任监察职务的官员

检举官吏的罪状。②彩幄（wò）：彩绸制的幕帐。③三虹：此处的"虹"通"拱"，指桥有三拱。阑楯（shǔn）：栏杆。雁柱：桥的拱柱斜排像大雁飞行一样，故名雁柱。④石甃（zhòu）：石砌的池壁。⑤明金：明亮的金色。⑥作场：在空地上表演节目。⑦头钱：一种赌具。拿出铜钱六枚，投掷后，看铜钱的正反面的多少决定胜负。⑧荷盖：本意是用荷叶做的车盖，此处指车辆来往之多。⑨楼观：泛指楼殿之类的高大建筑物。⑩阚（kàn）：望；俯瞰，俯阚。⑪解下：将物品送入当铺抵押。典没：没收典押物品。⑫斫脍（zhuó kuài）：古时称切生鱼片为"斫脍"。斫，是削的意思。⑬锦辔（pèi）：锦制的马缰绳。铎（duó）：大铃，形如铙、钲而有舌，古代宣布政教法令用的，亦为古代乐器。此处指悬挂在牛马脖子上的铃铛。

【译文】

三月一日，州城西的顺天门外开放金明池、琼林苑，每天在这里操练天子车驾莅临金明池游幸之时的仪礼规范。即使是天子的文学侍从、士人庶民都准许观看，御史台也有榜文公告明示，对此不得弹劾。金明池在顺天门外街的北面，周围约有九里三十步之广，金明池由东向西的直径大约有七里多长。进入金明池大门内池的南岸向西走去数百步的地方，有一个面朝北的临水大殿，天子驾临金明池的时候，观看争夺锦标、赐宴都在此殿。以往天子驾临这里的时候，只是临时快速搭建一个彩色幕帐，到了政和年间，则用土木由工匠建造成现在的这座大殿了。再向西去数百步，就是仙桥，此桥自南到北长约数百步，桥面有三座犹如彩虹一样的拱相连，都是朱红色漆的栏杆，下面的桥柱排列如雁行，桥中央隆起，叫作"骆驼虹"，远远看去，

犹如天上的飞虹之状。在这
桥的尽头，有五座大殿恰好
建在金明池的湖水中心位置。
金明池四岸都是用石头砌的
池壁，五殿和对岸的大殿相
背而对，每一座殿中分别设
置了皇帝御用的慢帐，还有
朱漆闪亮的镶金龙床，以及
雕绘着河间云水戏龙的精美
屏风，这些也都不禁止游人
观赏。五殿上下都有回廊连
接环绕，也都有赌掷钱物、
售卖饮食的博戏场所，艺人
表演卖艺的作场、勾栏瓦肆，
分别罗列在左右两边。仙桥
上的两边都放置了瓦盆，游
人可以向瓦盆中投掷头钱，
以此来赌博钱物、衣服及各
种日用器具。游人来往穿梭，
凉伞车盖相望，颇为热闹。
桥的南面立的一座门是棂星
门，门里面相对设立两座彩
楼。每当比赛争夺锦标时需

要奏乐，这时候彩楼上就会站列许多歌舞弹奏的妓女。与棂星门相对的街南，有砖石垒砌的一座大型高台，在高台上建有楼殿，极其宽广能有百丈之多，这叫宝津楼。前面一直到金明池大门，宽阔能有百余丈，在此向下可以俯瞰仙桥、水殿。天子圣驾亲临之时，就在这里观看骑射以及百戏表演。在金明池东岸，临水和靠近围墙的地方都是垂杨，两边也都设置了彩棚、幕帐，临近水岸的彩棚幕帐可以用来租赁，然后在这里面观看争夺锦标会更清晰。街道的东面都是酒店、卖食品的店铺和馆舍、赌博交易的场所、各种艺人表演的勾栏瓦肆、典当物品的当铺。在这条街上的当铺里，不论抵押的物品放在这里几天了，只要一到金明池关闭的日子，便由店主将典押的物品全部没收卖出去。向北走去一直到金明池后门，就是连接汴河的西水门了。在金明池的西岸，也没有房屋楼宇，不过，可以看见垂杨婀娜摇曳点蘸水面，如烟雾弥漫的青青绿草铺满堤岸，游人比较稀少，大多是临岸垂钓之人。来到这里垂钓的人必须先到池苑所去买牌子，然后才准许入池捕鱼。游赏之人若想得到鱼，就要拿出成倍高于集市的价格才能买下鲜鱼，可以在池水旁边洗剥干净，切片烹煮，然后端上来用以佐酒，实在是难得的美味佳肴。京师教演水军的演练一般都在金明池，等到演习结束以后，便将小龙舟系在这里。池岸正北对着五殿的岸边也建起了一所高大的屋子，里面用来停放大龙船，这里叫作"奥屋"。天子圣驾临幸金明池的时间，往往选在三月二十日。这一天，各禁卫军班直的卫士们各自头上簪花，身披锦绣披肩，穿着镶嵌金线的衫袍，腰束金带或丝织腰带之类的服饰，比赛似的竞相炫耀鲜明新奇的装束。并且统一取出皇家府库的金枪拿在手里，佩戴镶有珠宝的良弓宝剑，举的是龙凤绣旗，骑的是披挂红缨锦辔的高头大马，一路之上万马奔腾，争先驰骋，悦耳的马铃声震动天地。

驾幸临水殿观争标锡宴

【原文】

驾先幸池之临水殿，锡燕群臣①。殿前出水棚，排立仪卫。近殿水中，横列四彩舟，上有诸军百戏，如大旗、狮豹、棹刀②、蛮牌、神鬼、杂剧之类。又列两船，皆乐部。又有一小船，上结小彩楼，下有三小门，如傀儡棚③，正对水中乐船。上参军色进致语④，乐作，彩棚中门开，出小木偶人，小船子上有一白衣垂钓，后有小童举棹划船，辽绕数回，作语，乐作，钓出活小鱼一枚，又作乐，小船入棚。继有木偶筑毬舞旋之类，亦各念致语，唱和、乐作而已，谓之"水傀儡"。又有两画船，上立秋千，船尾百戏人上竿，左右军院虞候监教⑤，鼓笛相和；又一人上蹴秋千⑥，将平架，筋斗掷身入水，谓之"水秋千"。水戏呈毕，百戏乐船并各鸣锣鼓，动乐舞旗，与水傀儡船分两壁退去。有小龙船二十只，上有绯衣军士各五十余人，各设旗鼓铜锣，船头有一军校，舞旗招引，乃虎翼指挥兵级也。又有虎头船十只，上有一锦衣人，执小旗立船头上，余皆着青短衣长顶头巾，齐舞

棹，乃百姓卸在行人也。又有飞鱼船二只，彩画间金，最为精巧，上有杂彩戏衫五十余人，间列杂色小旗绯伞，左右招舞，鸣小锣鼓铙铎之类。又有鳅鱼船二只，止容一人撑划，乃独木为之也。皆进花石朱勔所进[7]。诸小船竞诣奥屋，牵拽大龙船出诣水殿，其小龙船争先团转翔舞，迎导于前。其虎头船以绳索引龙舟。大龙船约长三四十丈，阔三四丈，头尾鳞鬣[8]，皆雕镂金饰，榥板皆退光，两边列十阁子，充阁分歇泊[9]，中设御座龙水屏风。榥板到底深数尺，底上密排铁铸大银样如卓面大者压重，庶不欹侧也[10]。上有层楼台观槛曲[11]，安设御座。龙头上人舞旗，左右水棚排列六桨，宛若飞腾。至水殿，舣之一边[12]。水殿前至仙桥，预以红旗插于水中，标识地分远近。所谓小龙船，列于水殿前，东西相向；虎头、飞鱼等船，布在其后，如两阵之势。须臾，水殿前水棚上一军校以红旗招之，龙船各鸣锣鼓出阵，划棹旋转，共为圆阵，谓之"旋罗"。水殿前又以旗招之，其船分而为二，各圆阵，谓之"海眼"。又以旗招之，两队船相交互，谓之"交头"。又以旗招之，则诸船皆列五殿之东面，对水殿排成行列，则有小舟一军校执一竿，上挂以锦彩银盌之类⑬，谓之"标竿"，插在近殿水中。又见旗招之，则两行舟鸣鼓并进，捷者得标，则山呼拜舞。并虎头船之类，各三次争标而止，其小船复引大龙船入奥屋内矣。

【注释】

①锡燕：即赐宴。②棹刀：古代长刀的一种。刀身两刃，刃首上阔，山字之制，长柄施镎（zūn），形制如桨。③傀儡（kuǐ lěi）棚：演傀儡戏搭的棚架。④参军色：宋代宫廷乐舞的引舞人，指挥舞队进出场的人。因手执竹竿，也称为"竹竿子"。致语：古代宫廷艺人在演出开始前说唱的颂辞。⑤虞候：本为春秋时期掌管山泽的职官。西魏和隋朝以后用作军官称号。如虞候都督、左右虞候率、都虞候等。其职掌不尽相同，或为警备巡查官，或为内部监察官。⑥蹴（cù）秋千：荡秋千。⑦花石：即花石纲，是中国历史上专门运送奇花异石以满足皇帝喜好的特殊运输交通名称。朱勔（miǎn）：苏州（今属江苏）人。北宋大臣，为"六贼"之一。因父亲朱冲诣事蔡京、童贯，父子都任有官职。当时宋徽宗垂意于奇花异石，朱勔奉迎上意，借采办花石纲之名巧取豪夺，民愤极大。奥屋：指深广的大屋宅。⑧鳞鬣（liè）：这里指龙的鳞片和鬣毛。鬣，马、狮子等颈

上的长毛。⑨榥（huáng）板：船板，借指船舱。阁（gé）子：小屋。

阁分：宋代时对妃嫔的称呼。⑩庶：但愿，希冀。欹（qī）侧：倾斜。

⑪台观：泛指楼台馆阁等高大建筑物。槛曲：指曲折的栏杆。⑫舣

（yǐ）：使船靠岸。⑬锦彩：华美的丝织品。盌（wǎn）：同"碗"。

【译文】

天子的车驾首先幸临金明池的临水殿，赐宴朝中群臣。在临水殿前面搭建的出水棚里，排列整齐的是皇家仪仗与卫士。靠近临水殿的水中，一字排开四条扎结彩绸的船只，上面设有诸军演出百戏，比如舞大旗、扮狮豹、舞弄掉刀、耍蛮牌、装鬼神、表演杂剧之类的节目。另外在一旁排列两条船，上边都是演奏的乐队。还有一条小船，船上扎起了一个小彩楼，下面有三扇小门，像是表演傀儡戏的戏棚，正对着水中的乐队船。乐船上宫廷乐舞的引舞人，指挥舞队进出场，然后进身上前面向观众说唱颂辞，随后乐声奏起，小船彩棚的中门打开，有小木偶人从门中走出来。这时，小船上有一个身穿白衣的人正在安然垂钓，他身后有一个小童子举棹划船，这只小船回环旋转数圈，期间垂钓者与小童子说唱颂辞对话，音乐声响起，小船上的白衣人钓出一条活蹦乱跳的小鱼。然后再有奏乐声响起，随着乐声这只小船回到彩棚中去了。继而还有其他木偶戏、表演筑球、旋舞等节目，也都各自先有人出来对观众说唱颂辞，并且相互唱和，期间要有乐曲伴奏才算结束表演，这叫"水傀儡"。另外还有两条装饰华美的彩船，这船上竖立着秋千架子，船尾上有杂技演员正在表演爬竿，左右军院的虞候监督指教表演，在一旁有人擂鼓吹笛相应和；这时又有一个人走上前去表演荡秋千，当秋千高高荡起，与秋千架子将要一样高的时

候，突然翻着筋斗纵身跃入
水中，这种表演叫"水秋
千"。水戏献演完毕，百戏
船、乐船一起各自鸣起锣鼓，
奏响乐曲，挥舞着彩色旗帜，
与水傀儡船一同分别向两岸
边退去。此时会有小龙船
二十只，每只船上各有身穿
红衣的军士五十余人，各船
上都设置旗鼓铜锣，船头上
站有一名军校，舞动旗帜招
呼引领，这些人都是禁卫军
中的虎翼指挥级别的军官。
另外还有虎头船十只，每只
船上有一名穿锦衣的人，手
执小旗立在船头，其余人都
身穿青色短衣，头裹长顶头
巾，整齐地一起挥舞着船桨
向前划着，这些都是平民百
姓和卸任的小吏差役所组成
的专业划船能手。另外还有
飞鱼船两只，船上画着鲜艳
的图案，而且其间有镶金装

197

饰，这种小船的制作最为精巧，船上有身穿杂色戏装的人五十多个，他们中间排列有各种颜色的小旗子和红色的伞，有人左右挥舞指挥，有人敲响小锣、鼓、铙、铎之类的乐器助威。又有鳅鱼船两只，这样的船只能容下一人坐在那里撑划，是用一根大木掏空制成的。这些都是采办花石纲的朱勔当初进献给皇上的。水面上诸多小船竞相赶到奥屋，共同牵引拉拽大龙船出奥屋前往临水殿，其余的小龙船争先围绕着大龙船旋转飞舞，在大龙船前面欢迎并引导。那些虎头船用绳索牵引大龙船。这只大龙船约长三四十丈，宽三四丈，船头至船尾的龙鳞和鬣毛，都是经过雕镂并配以镶金装饰，楻板颜色全部退光。在船的两边排列十个小房间，是供皇帝的后妃进去休息的地方，中间设有天子御座并且安装了雕绘龙水图案的屏风。从船板到船底深达数尺，船底上密密麻麻地排列着铁铸的大银锭模样的铁块，大小就像桌面那么大，这些都是用来压重的，是希望大龙船不发生倾斜而配置的。大龙船上设有楼层看台、馆阁和曲折的栏杆，这一层上面也安设了御座。龙头上有人在挥舞旗帜指挥，大龙船两边的水棚排列的六支船桨随着旗帜的指挥整齐地划行，使大龙船能够急速前进，宛如在水面飞腾一般。大龙船到达临水殿，就停靠在一边。从临水殿向前一直到仙桥，预先将红旗插在水中，以此来标志地域范围，区分远近。前面所说的那些小龙船排列在临水殿前面，分为东西两两相对；虎头船和飞鱼船等分布在小龙船的后面，就如同两军对战的阵势。等过一会儿，临水殿前水棚上的一名军校用红旗发出号令招引船只，只见小龙船各自鸣锣击鼓出阵，划动船桨使船只扭转方向，共同组成一个圆阵，这叫作"旋罗"。一会儿临水殿前又用红旗发令，那些船又分为两队，各自组成圆阵，这叫"海眼"。然后再用旗发令招引，两队船只相互交叉而行，这叫作"交头"。接着又见红旗发令招引，就会看见所有的船只全部排列在五殿的东边，船头面对临水殿排列成行，此时则会有一只小船，上有一名军校手执一根长竿，上面挂着锦缎彩绸、银碗之类的物品，这叫作"标竿"，把它插在靠近临水殿的水中。这时又见红旗招引船只，船队就立刻分为两行同时敲着鼓一起进发，捷足先登抢得标杆的，就三呼"万岁",并跪拜、舞蹈。连同虎头船等其他船只,各进行三次争夺锦标的竞赛之后就宣告结束,然后那些小船就重新牵引着大龙船回到奥屋中去了。

驾幸琼林苑

【原文】

驾方幸琼林苑,在顺天门大街面北,与金明池相对。大门牙道皆古松怪柏。两傍有石榴园、樱桃园之类,各有亭榭,多是酒家所占。苑之东南隅,政和间,创筑华觜冈,高数十丈,上有横观层楼,金碧相射,下有锦石缠道①,宝砌池塘,柳锁虹桥,花萦凤舸②,其花皆素馨③、末莉、山丹、瑞香、含笑、射香④等闽⑤、广、二浙所进南花。有月池、梅亭、牡丹之类,诸亭不可悉数。

【注释】

①锦石:有美丽花纹的石头。②凤舸(gě):雕绘华美的大船。③素馨:一种灌木花。④瑞香:又称睡香、蓬莱紫等,有药用价值。含笑:常绿灌木。射香:一种香草。⑤闽(mǐn):福建省的简称。

【译文】

天子圣驾刚刚临幸过的琼林苑,坐落在顺天门大街,面朝北,与金明池相对。通往琼林苑大门的官道两边，全都是古松怪柏。道路两旁有石榴园、樱桃园之类的园林，园中分别都有亭阁台榭，但大多被酒家占有。琼林苑的东南角方向，宋徽宗政和年间，创建修筑了一个高冈名叫华觜冈，其高达数十丈，上有宽广的台观层楼，金碧辉煌，相互映射。冈下有美丽的石头铺成的曲折环绕的甬道，还有用名贵石料精心砌筑的池塘，柳枝细密低垂，仿佛锁住了飞架在水面的虹桥，花香萦绕着漂浮在水面之上雕绘华美的大船，琼林苑中的花卉都是素馨、末莉、山丹、瑞香、含笑、射香等闽地、两广、二浙所进献来的南方花木。苑中有月池、梅亭、牡丹亭之类的亭台，细数苑中有诸多亭台，一时间无法全部记下来。

驾幸宝津楼宴殿

【原文】

宝律楼之南有宴殿，驾临幸，嫔御车马在此。寻常亦禁人出入，有官监之。殿之西有射殿，殿之南有横街，牙道柳径[1]，乃都人击球之所。西去苑西门，水虎翼巷；横道之南，有古桐牙道，两傍亦有小园圃台榭。南过画桥[2]，水心有大撮焦亭子[3]，方池柳步围绕，谓之"虾蟆亭[4]"，亦是酒家占。寻常驾未幸，习早教于苑大门[5]。御马立于门上。门之两壁，皆高设彩棚，许士庶观赏，呈引百戏。御马上池，则张黄盖，击鞭如仪。每遇大龙船出，及御马上池，则游人增倍矣。

【注释】

①牙道：官道。柳径：两边栽种柳树的道路。②画桥：雕饰华丽的小桥。③撮焦亭子："焦"当为"角"。四檐有尖角而上翘的亭子。④虾蟆（há ma）：即蛤蟆。⑤旱教：陆地上的科目。

【译文】

宝律楼的南面，有一座可以举行宴会的宴殿。天子圣驾临幸之时，随行的嫔妃宫女以及车马都停放在此处。平时也禁止游人出入，有专门官员监管这里。宴殿的西面设有供天子射箭习武的大殿，宴殿的南面有横街，街道两边有砖石镶嵌的官道和柳荫小路，这里是京城中人打马球的地方。向西去就是

琼林苑的西门，那里有水虎翼巷；横道南面，有繁茂的古桐遮掩的官道，道路两旁也有小巧的园圃以及台阁亭榭。向南行走过了一座精致的画桥，水中央有一座大撮角亭子，四四方方的池塘被柳荫步道围绕，这里叫"蛤蟆亭"，这也被酒家占用了。平时，天子圣驾没有临幸于此之时，禁卫军的步兵会在这琼林苑的大门口操练队列。天子到来之时，皇家御马就会站立于琼林苑大门口。在这大门两边的围墙上，全都架设了高高的彩棚，这时就准许士人与平民百姓来此观赏艺人们为天子献演的百戏了。如果天子乘御马前往金明池，则有禁军侍卫撑起黄罗盖伞，同时有军士击鞭鸣响，一切都按照常规礼仪进行。每当遇到大龙船出来游赏，以及天子乘御马到金明池，那时候的游人就会成倍增加了。

驾登宝津楼诸军呈百戏

【原文】

驾登宝津楼，诸军百戏，呈于楼下。先列鼓子十数辈，一人摇双鼓子，近前进致语，多唱"青春三月蓦山溪"也。唱讫，鼓笛举，一红巾者弄大旗，次狮豹入场，坐作进退，奋迅举止毕。次一红巾者手执两白旗子，跳跃旋风而舞，谓之"扑旗子"。及上竿、打筋斗之类讫，乐部举动，琴家弄令，有花装轻健军士百余①，前列旗帜，各执雉尾、蛮牌②、木刀，初成行列拜舞，互变开门夺桥等阵，然后列成偃月阵。乐部复动蛮牌令，数内两人出阵对舞，如击刺之状，一人作奋击之势，一人作僵仆③。出场凡五七对，或以枪对牌、剑对牌之类。忽作一声如霹雳，谓之"爆仗④"，则蛮牌者引退，烟火大起，有假面披发，口吐狼牙烟火，如鬼神状者上场。着青帖金花短后之衣，帖金皂袴，跣足⑤，携大铜锣，随身步舞而进退，谓之"抱锣"。绕场数遭，或就地放烟火之类。又一声爆仗，乐部动拜新月慢曲，有面涂青碌、戴面具金睛，饰以豹皮锦绣看带之类，谓之"硬鬼"。或执刀斧，或执杵棒之类，作脚步蘸立⑥，为驱捉视听之状。又爆仗一声，有假面长髯展裹缘袍靴简如钟馗像者⑦，傍一人以小锣相招和舞步，谓之"舞判"。继有二三瘦瘠，以粉涂身，金睛白面，如髑髅状⑧，系锦绣围肚看带，手执软杖，各作魁谐趋跄举止⑨，若排戏，谓之"哑杂剧"。又爆仗响，有烟火就涌出，人面不相觑⑩，烟中有七人，皆披发文身，着青纱短后之衣，锦绣围肚看带，内一人金花小帽，执白旗，余皆头巾，执真刀，互相格斗击刺，作破面剖心之势，谓之"七圣刀"。忽有爆仗响，又复烟火出，散处以青幕围绕，列数十辈，皆假面异服，如祠庙中神鬼塑像，谓之"歇帐"。又爆仗响，卷退。次有一击小铜锣，引百余人，或巾裹，或双髻，各着杂色半臂，围肚看带，以黄白粉涂其面，谓之"抹跄"。各执木棹刀一口，成行列，击锣者指呼各拜舞起居毕，喝喊变阵子数次，成一字阵，两两出阵格斗，作夺刀击刺之态百端讫⑪，一人弃刀在地，就地掷身，背着地有声，谓之"扳落"。

【注释】

①琴家：指琴师。弄令：指弹奏琴曲。令是唐宋杂曲的一种。轻健：轻捷强健。②蛮牌：盾牌。是指用南方产的粗藤做的盾牌。③僵仆：倒下。④爆仗：爆竹。⑤短后之衣：后幅较短的上衣，便于活动，多为武士之衣。皂袴（kù）：黑色裤子。袴，同"裤"。跣（xiǎn）足：光着脚。⑥蹻立：踮起脚跟站立。⑦鞾（xuē）：同"靴"。钟馗（kuí）：字正南，中国民间传说中能打鬼驱除邪祟的神。旧时中国民间常挂钟馗的像辟邪除灾。⑧瘠（jí）：瘦弱。髑（dú）髅：头骨，多指死人头骨。⑨魁谐：即诙谐。"魁"疑为"诙"之误字。趋跄（qū qiàng）：形容步趋中节；脚步平稳。古时朝拜晋谒须依一定的节奏和规则行步。亦指朝拜，进谒。⑩觌（dǔ）：同"睹"，看见。⑪棹刀：即掉刀。是古代长刀的一种。刀身两刃，刀首

上阔，山字之制，长柄施镈，形制如桨，因又称"棹刀"。百端：各种各样的。讫（qì）：完结，终了。

【译文】

天子圣驾登上宝津楼，诸军呈演的百戏就在楼下进行。最先列队而出的是十多个敲鼓的人，其中一人摇着双面鼓子，走上前去说唱颂辞，此时大多都是唱"青春三月蓦山溪"之曲。唱完以后，舞台之上鼓笛齐鸣。这时，一个头裹红巾舞弄大旗的人开始入场，接着有狮子和豹子入场，做着蹲坐站起、行进后退以及迅速奔跑、举起前爪挠抓的动作，进退纵横，迅疾威猛，就这样舞蹈完毕便退出场。随后又有一个头裹红巾的人手执两面白旗子，连续跳跃旋转，像旋风似的舞动着，这叫"扑旗子"。等到爬竿、翻筋斗之类的表演结束，乐队开始奏乐，其中有琴师弹奏令曲，这时就会有身穿彩色衣服、身体轻捷强健的军士百余人上场，前面有人列队手举旗帜为前导，其余人分别手里拿着雉尾、蛮牌、木刀，开始的时候是排成行列跪拜之后一起舞蹈，紧接着交互变换着开门、夺桥等阵势，然后又排列成偃月阵。这时乐队又开始奏起"蛮牌令"，然后阵中有两人出阵对舞，就如同相对击刺对战的样子，其中一个人作奋立搏击之势，而另一人则作被刺中倒下之状。这样出场表演的共有五到七对，有的是用长枪对战蛮牌，或者是用剑对蛮牌表演劈刺。忽然，一声巨响如霹雳般响起，这就是"爆仗"，然后，手持蛮牌的人就应声引退。随即烟火大起，有一个戴着假面具、披散着头发，口吐狼牙烟火、装扮成如同鬼神模样的人上场。只见他身穿青色帖有金花的后幅较短的上衣，贴金的黑色裤子，光着脚，携带着大铜锣，随着身形步伐的舞动而进退，这叫"抱锣"。这个角色一般都是绕场表演好几圈，或者是就地表演放烟火等等。只听又一声爆仗响起，乐队便开始奏起了"拜新月慢"乐曲，此时就会有一些将脸涂成青绿色，或者是戴着假面具将眼睛涂抹成金色，并以豹皮、锦绣看带之类作为装饰物的人上场，这些人叫"硬鬼"。他们有的手持刀斧，有的手执棍棒之类的东西，踮起脚跟站立，纷纷做出驱赶、捉拿、察看、倾听的样子。随后又听见一声爆仗响，有戴着假面具、长胡子，身上穿裹着绿袍，脚穿长靴，手拿奏简，形似钟馗模样的人登场，旁边有一个人敲着小铜锣相招引，以此来配合舞步，这叫"舞判"。接下来有几个光着脊梁的瘦子登场，他们都用白粉涂抹身体，涂成金色眼睛白脸庞，犹如骷髅之状，腰间系着锦绣围肚兜和宽腰带，手里拿着软杖，各自做出诙谐，或者是朝拜晋谒的行动举止，就像在排戏一样，这叫"哑杂剧"。又听见爆仗响起，就有烟火就地涌出，虽然人们近在咫尺，却也看不清对方的面目。只见浓烟中有七个人，全部都是披散头发而且还有文身，穿着青纱短后襟的上衣，腰间系着锦绣围肚兜和宽腰带。其中有一人头戴金花小帽，手执白旗，其余的人都是裹着头巾，手拿真刀，互相格斗劈刺，时而做出破面剖心的样子，这叫"七圣刀"。忽然又听见爆仗响起，又有烟火涌出，烟火散开的地方用青色的帷幕围绕，周围排列站立数十人，全部都是头戴假面具、身穿奇异的服饰，就像寺庙中的神鬼塑像一样，这叫"歇帐"。又听一声爆仗响，只见帷幕卷起众人顺次退场。紧接着有一个人敲打着小铜锣，引领着百余人登上舞台，这些人中有的裹着头巾，有的梳着双髻，分别都身穿杂色半袖上衣，腰间系着围肚看带，用黄色和白色脂粉涂在脸上，这叫"抹跄"。他们各自手里拿着木棹刀，排成行列，这时有敲锣者指挥众人跪拜欢呼，纷纷跪拜起舞向天子请安完毕，就会随着敲锣者的呼喊声变换阵型数次，然后列成"一"字阵，于是两两出阵格斗，表演各种各样的夺刀劈刺之术完毕，只见其中一人将刀抛弃在地上，身体顺势摔倒，他的后背着地发出沉重的声响，这叫"扳落"。

【原文】

　　如是数十对讫，复有一装田舍儿者入场，念诵言语讫，有一装村妇者入场，与村夫相值，各持棒杖，互相击触，如相殴态。其村夫者以杖背村妇出场毕，后部乐作，诸军缴队杂剧一段，继而露台弟子杂剧一段，是时弟子萧住儿、丁都赛、薛子大、薛子小、杨总惜、崔上寿之辈，后来者不足数。合曲舞旋讫，诸班直常入，祗候子弟所呈马骑①，先一人空手出马，谓之"引马"。次一人磨旗出马，谓之"开道旗"。次有马上抱红绣之球，系以红锦索，掷下于地上，数骑追逐射之，左曰"仰手射"，右曰"合手射"，谓之"拖绣球"。又以柳枝插于地，数骑以划子箭②，或弓或弩射之，谓之"襜柳枝③"。又有以十余小旗，遍装轮上而背之出马，谓之"旋风旗"。又有执旗挺立鞍上，谓之"立马"。或以身下马，以手攀鞍而复上，谓之"騗马④"。或用手握定镫袴，以身从后鞦来往⑤，谓之"跳马"。忽以身离鞍，屈右脚挂马鬃，左脚在镫，左手把鬃，谓之"献鞍"，又曰"弃鬃

背坐"。或以两手握镫袴，以肩着鞍桥，双脚直上，谓之"倒立"。忽掷脚着地，倒拖顺马而走，复跳上马，谓之"拖马"。或留左脚着镫，右脚出镫离鞍，横身在鞍一边，右手捉鞍，左手把鬃，存身直一脚顺马而走，谓之"飞仙膊马"。又存身拳曲在鞍一边，谓之"镫里藏身"。或右臂挟鞍，足着地顺马而走，谓之"赶马"。或出一镫，坠身着鞦，以手向下绰地，谓之"绰尘"。或放令马先走，以身追及，握马尾而上，谓之"豹子马"。或横身鞍上，或轮弄利刃，或重物大刀双刀百端讫，有黄衣老兵，谓之"黄院子"，数辈执小绣龙旗前导；宫监马骑百余，谓之"妙法院女童"，皆妙龄翘楚，结束如男子，短顶头巾，各着杂色锦绣捻金丝番段窄袍[6]，红绿吊敦束带，莫非玉鞘金勒，宝镫花韂[7]，艳色耀日，香风袭人，驰骤至楼前，团转数遭，轻帘鼓声，马上亦有呈骁艺者[8]。中贵人许畋押队招呼成列[9]，鼓声，一齐掷身下马，一手执弓箭，揽缰子就地，如男子仪，拜舞山呼讫，复听鼓声，騗马而上。大抵禁庭如男子装者，便随男子礼起居。复驰骤团旋、分合阵子讫，分两阵，两两出阵，左右使马，直背射弓，使番枪或草棒交马野战。呈骁骑讫，引退，又作乐。先设彩结小球门于殿前，有花装男子百余人，皆裹角子向后拳曲花幞头，半着红，半着青锦袄子，义襕束带[10]，丝鞋，各跨雕鞍花韂驴子[11]，分为两队，各有朋头一名，各执彩画球杖，谓之"小打"。一朋头用杖击弄球子如缀，球子方坠地，两朋争占，供与朋头。左朋击球子过门入孟为胜[12]，右朋向前争占，不令入孟，互相追逐，得筹谢恩而退[13]。续有黄院子引出宫监百余，亦如小打者，但加之珠翠装饰，玉带红靴，各跨小马，谓之"大打"。人人乘骑精熟，驰骤如神，雅态轻盈，妍姿绰约⑭，人间但见其图画矣。呈讫。

【注释】

①祗（zhī）候：宋官署名。负责掌管朝会礼仪之事。②划（chǎn）子箭：箭头如铲子形状的箭。划，同"铲"。③禠(zhà)：古代年终祭祭百神称"禠"。④骗（piàn）马：亦作"骗马"。跃上马背，时而翻身下马、取物。此指一种马术杂技。⑤镫（dèng）：挂在马鞍两旁的铁制脚踏。袴（kù）：同"裤"。鞦（qiū）：同"鞧（qiū）"。套车时拴在驾辕牲口屁股上的皮带子。⑥番段：外国绸缎。窄袍：整齐漂亮的袍服。⑦玉羁：玉饰的马络头。金勒：金的带嚼子的马络头。鞯（jiān）：马鞍下的垫子。⑧骁（xiāo）艺：此指马戏。⑨中贵人：皇帝宠信的宦官。许畋（tián）：人名。⑩襕（lán）：古代一种上下衣相连的服装。⑪雕鞍：华美的马鞍。韂（zhàn）：马背上垫在鞍下的垫子。⑫孟：每一队被攻击的靶点，相当于现在的球网门。⑬得筹：指在赌局中获得筹码，以所得筹码多少来定胜负。⑭妍姿：美好的姿态。绰约（chuò yuē）：形容姿态柔美的样子。

【译文】

像这样有数十对的对战格斗表演完毕以后，又有一个装扮成农家子弟的人物入场，念诵一段祝颂之辞，就有一个装扮成村妇模样的人入场，与村夫相遇之后，各持棍棒，互相击打碰撞，就像相互攻击殴打的样子。最后那个村夫取胜，然后用棒仗挑背着这个村妇出场演毕。这时就听见后部的奏乐声随之响起，诸军联袂演出杂剧一段，再接下来就是民间的露台弟子演出杂剧一段。当时著名艺人有萧住儿、丁都赛、薛子大、薛子小、杨总惜、崔上寿等人，在他们之下的艺人

就不值得一一数遍了。随着乐曲歌舞完毕，诸班直通常入场，祗候的弟子们牵来他们所要用来表演的马匹。先由一个人表演空手骑马而出，这叫作"引马"。接着有一个人挥舞旗帜骑马出场，这叫"开道旗"。接着有人骑着马，怀抱着红绣球，用一根红色锦绳系着，抛在地上，然后由一匹飞奔的马拖着前行，后面有数人骑马追逐，并用箭射那球，左边的叫"仰手射"，右边的叫"合手射"，这节目叫"拖绣球"。接着又有人将柳枝插在地上，有数名骑士分别使用划子箭，或者是用弓箭或者用弩射向柳枝，这叫作"褋柳枝"。接着又有人用十余面小旗，团团插在风轮上并背着风轮出马，这叫作"旋风旗"。又有人手执旗帜挺立于马鞍之上，这叫"立马"。有的人表演以身下马，随即又用手攀住马鞍重新上马，这叫作"骟马"。有的人用手抓住马镫套裤，将身体从马后鞧的绊带处翻身上下，这叫"跳马"。那种忽然间使身体离开马鞍，屈起右脚挂在马脖子上，左脚却依然套在马镫里，左手抓住马鬃，这种表演叫作"献鞍"，又叫"弃鬃背坐"。或者是用两手握紧马镫套裤，以肩贴着马鞍桥，双脚朝上伸直，这叫作"倒立"。突然间投脚落地，人呈现出被倒拖姿势随马行走，然后又重新跳上马背，这种表演叫"拖马"。或者是留下左脚踩在马镫里，右脚从马镫中抽出来离开马鞍，将身体横在马鞍的一边，右手捉住马鞍，左手抓住马鬃，稳住身子伸直一条腿，就这样随马而走，这叫作"飞仙膊马"。随后又将身子蜷曲在马鞍的一侧，这叫作"镫里藏身"。或者是用右臂挟住马鞍，双脚着地随马而走，这叫作"赶马"。或者是一只脚离开马镫，坠下身子拽住马后鞧上的绊带，用手向下触地或者是抓地上的物体，这叫作"绰尘"。有的人放开马让马先奔跑，自己在后边追上，然后抓住马尾纵身上马，这叫作"豹子马"。或者是横身在马鞍上，或者是轮番舞弄利刃，或者是耍弄重物、大刀、双刀等各种各样的表演完毕，这时就会有几个身穿黄衣的老兵，被称为"黄院子"的人，许多人手执绣龙小旗在前边引导；由宫女组成的皇家马队有百余人，这些人叫作"妙法院女童"，这些人全都是妙龄的俊美少女，然而装束却如同男子一样，个个头裹短顶头巾，身穿各色锦绣捻金丝的番段窄袍，腰束厚实的红色和绿色腰带，没有一匹马不是佩戴美玉络头和金质嚼子，名贵的马镫，华美的鞍垫，美艳之色光耀日月，阵阵香风袭来醉人心脾。马队奔驰骤然间来到宝津楼前，然后缓步绕场行走数圈，随着轻灵的鼓声，骑在马上之人中也有呈献惊险马戏的。内宫宦官许畋担任领队，他指挥她们迅速组成队列，听到鼓声响起，就一齐纵身下马，一手拿着弓箭，一手揽住缰绳，就在原地如男子施行的礼仪，向天子跪拜并挥舞手臂三呼"万岁"，待到礼毕，又听到鼓声响起，就飞身跨马而行。大抵禁宫中的宫女如男子装束者，就随同男子礼仪行事。女骑士重新又疾驰旋转，或分、或合的阵型表演完毕，人马立刻分成两部分，然后两两出阵，左右两边同时催动战马，在马背上挺直脊背转体射箭，或者使用番枪或是舞弄棍棒，骑在马背上在宝津楼前的旷地上交战。呈献骁勇雄健的骑术完毕，所有的女骑手听从指引而退下，这时乐队又重新开始奏乐。预先在宝津楼前空地上设置了用彩缎扎成的小球门，那里有身穿彩色服装的男子百余人，全都是头上缠

裹着角子向后拳曲的花幞头，有一半人身穿红色锦袄子，另一半人穿着青色的锦袄子，束着腰带的襕衫，脚穿镶嵌丝线的鞋子，各自骑着一匹配有华美鞍子、精美鞍垫的驴子，这些人和驴子分为两队，各有头领一名，各自手里拿着画有彩色图案的球杖，这叫作"小打"。一方的头领用球杖击球，如果这个连缀球刚刚落地，两队就可以立即争相抢占，抢到以后就迅速提供给本方的头领，而要以左边一队击球突破右队的球门入网为胜，此时右边一队则向前奋力争抢，想办法不让对方将球射入网内。两队就这样互相追逐，最终以所得筹码的多少决定胜负，然后领取天子赏赐后，拜舞谢恩而退。后续还有黄院子引出宫中女子马队百余人，也像此前"小打"的形式一样，只是这些宫女都是佩戴珍珠翡翠装饰，腰束玉带，脚蹬红靴，各骑一匹小马，都称她们为"大打"。所有人都是乘骑技艺精巧熟练，往来疾驰飘忽如神，神态优雅，动作轻盈，美好的姿态绰约婀娜，如此美轮美奂，人世间的普通人只能在图画中才能见到这样的美景了。自此，宝津楼前呈献给圣驾的表演全部完毕。

驾幸射殿射弓

【原文】

驾诣射殿射弓，垛子前列招箭班二十余人①，皆长脚幞头②，紫绣抹额，紫宽衫，黄义襕，雁翅排列。御箭去则齐声招舞，合而复开，箭中的矣。又一人口衔一银盌③，两肩两手共五只，箭来皆能承之。射毕，驾归宴殿。

【注释】

①垛子：墙上面向上或向外突出的部分。②幞（fú）头：又名折上巾、软裹，是一种包裹头部的纱罗软巾。③银盌（wǎn）：银碗。盌：同"碗"。

【译文】

皇上圣驾到宫中射殿去射箭，射殿的墙垛子前排列着招箭班军士有二十余人，他们全都是头戴长脚幞头，裹束紫色刺绣抹额，身穿紫色宽衫，黄色义襕袍，就像

大雁展翅的形状一般排列整齐。这时，皇上拉弓搭箭，只要看见御箭离弦飞去，招箭班的军士们便齐声欢呼并用手招摇挥舞，如果军士聚合后又分开，说明此时的箭已经射中靶子了。随后又有一个人口中衔着一只银碗，同时加上两肩、两手上的银碗共有五只，皇上的箭射过来的时候都能用碗接住。射箭完毕，皇上车驾便回到宴殿宴饮休息。

池苑内纵人关扑游戏

【原文】

池苑内，除酒家艺人占外，多以彩幕缴络①，铺设珍玉、奇玩、疋帛②、动使、茶酒器物关扑。有以一笏扑三十笏者③。以至车马、地宅、歌姬、舞女，皆约以价而扑之。出九和合④，有名者任大头、快活三之类，余亦不数。池苑所进奉鱼藕果实，宣赐有差。后苑作进小龙船，雕牙缕翠，极尽精巧。随驾艺人池上作场者，宣政间，张艺多、浑身眼、宋寿香、尹士安小乐器，李外宁水傀儡，其余莫知其数。池上饮食：水饭、凉水菉豆⑤、螺蛳肉、饶梅花酒、查片、杏片、梅子、香药脆梅、旋切鱼脍、青鱼、盐鸭卵、杂和辣菜之类。池上水教罢，贵家以双缆黑漆平船，紫帷帐，设列家乐游池。宣政间亦有假赁大小船子⑥，许士庶游赏，其价有差。

【注释】

①缴络：连接交错。缴，疑为"结"误字。②疋帛（pǐ）：泛指纺织品。疋，同"匹"。③笏（hù）：这里作量词，金银的计算单位。铸金银成笏形，一枚为一笏。④出九和合：一种博戏术语。据《唐律疏议》：提供赌具，聚众赌博。⑤菉（lù）豆：即绿豆。菉，古通"绿"。⑥假赁（jiǎ lìn）：借，租借。

【译文】

在琼林苑和金明池里面，除了被酒家、艺人所占用的苑圃房舍和场地外，大多数地方都是用彩色幕帐交错连接装饰一新，铺内分别设有各类珍玉、奇异玩物、丝织品、日常用具、茶酒器具等同时可以用作博戏买卖的物品。其中有用一笏进行关扑而获得三十笏赌注的人，甚至于自家的车马、田地房屋、歌姬、舞女等，都可以商定价钱而用于关扑博戏的赌注。

出九和合的大玩家，最著名的有任大头、快活三等人，其余的人就不一一列数。琼林苑和金明池所进献给皇家的鲜鱼、莲藕及各类果实，有时候皇上就下令赏赐给臣下，但赏赐多少各有差异。皇宫后苑的作坊所进献的小龙船，上面镶嵌着雕琢精致的象牙以及镂刻的翠玉，极尽精巧。再看那些跟随在天子左右的艺人，时常在金明池打场表演献艺，在宣和、政和年间非常著名的有张艺多、浑身眼、宋寿香、尹士安演奏小乐器，李外宁表演水傀儡，其余的表演也是多得不计其数。金明池旁边所卖的饮食有：水饭、凉水绿豆、螺蛳肉、饶梅花酒、山楂片、杏片、梅子、香药脆梅、旋切鱼脍、青鱼、盐鸭蛋、杂和辣菜之类的食品。金明池上水军教阅结束，达官富贵之家的人就会用双缆黑漆平底船，上面悬挂紫色帷帐，并且携带着家中的歌妓鼓乐来到金明池上游玩。宣和、政和年间，也有租赁大小船只的，准许士人和平民百姓到金明池游览赏玩，但租船的价格高低有所差别。

驾回仪卫

【原文】

驾回则御裹小帽簪花乘马，前后从驾臣寮①，百司仪卫，悉赐花。大观初，乘骢马至太和宫前②，忽宣小乌，其马至御前，拒而不进，左右曰："此愿封官。"勒赐龙骧将军③，然后就辔，盖小乌平日御爱之马也。莫非锦绣盈都，花光满目，御香拂路，广乐喧空，宝骑交驰，彩棚夹路，绮罗珠翠，户户神仙，画阁红楼，家家洞府。游人士庶，车马万数。妓女旧日多乘驴，宣政间惟乘马，披凉衫，将盖头背系冠子上④。少年狎客往往随后⑤，亦跨马，轻衫小帽。有三五文身恶少年控马⑥，谓之"花褪马"。用短缰促马头刺地而行，谓之"鞅缰⑦"。呵喝驰骤，竞逞骏逸。游人往往以竹竿挑挂终日关扑所得之物而归。仍有贵家士女，小轿插花，不垂帘幙。自三月一日至四月八日闭池，虽风雨亦有游人，略无虚日矣。

是月季春⑧，万花烂漫，牡丹、芍药、棣棠⑨、木香，种种上市，卖花者以马头竹篮铺排，歌叫之声，清奇可听。晴帘静院，晓幙高楼⑩，宿酒未醒，好梦初觉，闻之莫不新愁易感，幽恨悬生，最一时之佳况。诸军出郊，合教阵队。

【注释】

①臣寮（liáo）：即"臣僚"，代指百官。②骢（cōng）马：青白色杂毛的马。③勑（chì）：此处特指皇帝诏书。龙骧（xiāng）将军：亦称"龙骧赤"。是南朝齐高帝萧道成所乘赤色骏马。④凉衫：本意是北宋士大夫的白色便服，此处指妓女所穿的服装。盖头：古时妇女外出时，用以遮挡尘土的面巾披肩。⑤狎（xiá）客：风流嫖客。⑥恶少年：指玩劣的年轻男子。控马：驾驭马匹。⑦鞅（yāng）缰：宋代时马上的竞技名。⑧季春：农历三月，即春季最后一月。⑨棣（dì）棠：即棣棠花，落叶灌木，小枝绿色，圆柱形，无毛，常拱垂，嫩枝有棱角。⑩幙（mù）：古同"幕"。

【译文】

圣驾回宫的时候，皇上则围裹便帽，帽上插着簪花，乘坐一匹高贵的御马，车驾前后随从护驾的文武百官，以及内宫各司组成的仪仗卫队，全部都佩戴御赐簪花。大观初年，皇上乘坐一匹青骢马来到太和宫前，忽然宣召他的爱马"小乌"，只见那匹小乌马来到天子面前不远处停下来，抗拒着不向前行走，这时候左右侍从说："它这是希望能被封官。"于是徽宗特赐小乌马为"龙骧将军"，然后这匹马就顺服地靠过来，让皇帝牵着缰绳了，大概是因为小乌原本就是徽宗皇帝平日里的心爱之马。那时皇帝圣驾回宫的场景，无不是锦衣绣裳，充盈都城，花色光影相互照耀，满目皆是，圣驾御香缭绕着掠过道路，钧天广乐喧嚣之声响彻天空，宝马车骑争先驰骋。那时候，彩棚排满街道两侧，真可谓是满目绮罗珠翠，户户似神仙殿堂，画阁红楼，家家如洞府。游赏之人不论士大夫还是平民百姓，因此车马往来，数以万计。妓女们以往大多都是乘驴，到了宣和、政和年间才开始乘马，她们身披凉衫，将盖头披巾放在背后，系在

冠子上。那些年轻的风流子弟往往跟随在后，也骑着马，身穿轻衫，头戴便帽。有三五个文身的轻浮少年勒马追随，它们被称作"花褪马"。他们用短缰绳迫使马头擦地而行，这叫作"鞅缰"。这伙人一路上大声呵斥吆喝着狂奔而去，竞相炫耀所乘骏马奔驰之快以及自己超群洒脱的气概。出去游玩的人常常是用竹竿挑挂着经过一整天关扑博戏所获得的物品，乘兴而归。还有一些富贵之家的士女也出来游赏，她们所乘坐的小轿上插着花，帘幕也不垂放下来。从三月初一到四月初八金明池关闭，这段时间里，即使是刮风下雨，也有游人来来往往，几乎没有空闲的时日。

三月暮春，此时万花盛开，烂漫无比，牡丹、芍药、棣棠、木香等，各种鲜花陆续上市，卖花的人用马头竹篮装满花卉后一字铺开，唱着叫卖的声音此起彼伏，清脆新奇，可谓悦耳动听。晴日映照帘幕的宁静院落，破晓的晨光如帷幕笼罩高楼，昨夜的酒醉尚未醒来，好梦初醒，忽然闻听卖花人的叫卖之声，无不新愁轻易就有感而发，幽怨悔恨愿而又生，最是令人回味的一时人间佳境。也正是在这一月，诸军出城到郊外，配合教头操练战阵队形。

四月八日

【原文】

四月八日，佛生日①，十大禅院各有浴佛斋会，煎香药糖水相遗，名曰"浴佛水"。迤逦时光昼永，气序清和②。榴花院落，时闻求友之莺；细柳亭轩，乍见引雏之燕③。在京七十二户诸正店，初卖煮酒，市井一新。唯州南清风楼，最宜夏饮。初尝青杏，乍荐樱桃，时得佳宾，觥酬交作④。是月茄瓠初出上市⑤，东华门争先供进，一对可直三五十千者。时果则御桃⑥、李子、金杏、林檎之类。

【注释】

①佛生日：我国汉族地区一般以农历四月初八为释迦牟尼生日，称佛诞节，也叫"浴佛节"。届时佛寺将举行诵经法会。同时还举行拜佛祭祖、施舍僧侣等庆祝活动。②迤逦（yǐ lǐ）：渐次，逐渐。气序：节气；季节。③雏：这里泛指幼鸟。④觥酬（gōng chóu）：宾主互相敬

酒。犹"酬酢"。酬，向客人敬酒。酢，向主人敬酒。泛指交际应酬。醋，同"酬"。⑤茄瓠（hù）：茄子和瓠子。⑥时果：时令水果。

【译文】

四月八日，是佛祖释迦牟尼的生日，京城中十大禅院届时各自都要举行浴佛斋会，煎熬放有香药的糖水赠给前来参加浴佛斋会的人，这种糖水叫"浴佛水"。从那时起，白天的时光逐渐延长，时节到了春夏之交，气候变得晴朗温暖起来。开满石榴花的芬芳院落，不时听到求偶的莺鸟啁啾；细柳袅娜的亭轩檐下，抬眼忽而看见招引幼雏的飞燕。在京城谋生的七十二户等诸多正规大酒店开始售卖青梅煮酒，整个市井之中焕然一新。只有州城南的清风楼，最适宜于夏天在这里宴饮会友。刚刚品尝了青杏，忽然又送来了樱桃，时而遇到佳宾胜友，正好举杯交互敬酒，开怀畅饮。这个月正是茄瓠等诸多时令蔬果，刚刚长熟摘取下来送到集市上售卖的时节，于是，东华门集市上的菜农争先恐后将果蔬进献到宫中御膳房，因为每一对茄瓠可值三五十千钱。另外，时令水果有御桃、李子、金杏、林檎等。

端午

端午节物：百索^①、艾花、银样鼓儿花、花巧画扇、香糖果子、粽子、白团、紫苏、菖蒲^②、木瓜，并皆茸切^③，以香药相和，用梅红匣子盛裹。自五则一日及端午前一日，卖桃、柳、葵花、蒲叶、佛道艾^④，次日家家铺陈于门首^⑤，与粽子、五色水团、茶酒供养，又钉艾人于门上，士庶递相宴赏。

【注释】

①百索：古代端午节风俗，用五色丝线编结的索状饰物，端午节时小孩手上戴的五色绳子，也叫"长命缕"。②菖蒲（chāng pú）：多年生草本植物，根状茎粗壮，生于沼泽地、溪流或水田边。挂菖蒲是中国端午节风俗，民间有用它和艾叶扎束，挂在门前来驱邪。③茸切：切得十分细碎。④佛道艾：即伏道艾。宋时以为艾中之佳品，因其产于汤阴伏道，故称。古代端午节用以辟邪。⑤铺陈：陈设布置，摆放之意。

【译文】

端午节应节的物品通常有：百索、艾花、银样鼓儿花、花巧画扇、香糖果子、粽子、白团、紫苏、菖蒲、木瓜，其中把紫苏、菖蒲、艾花等几样物品都切成细碎的茸沫，用香药相互拌和，并用梅红色匣子盛放包裹起来。从五月初一到端午节前一日，街市上就开始有卖桃、柳、葵花、蒲叶、佛道艾等物品，到端午节那天，家家户户都将这些东西铺排陈列在自家门口，与粽子、五色水团、茶酒等食物一起作为供品供奉神灵。还要用艾草扎成小草人钉在门上，那些士大夫和平民百姓也都互相邀请设宴欢饮。

六月六日崔府君生日二十四日神保观神生日

【原文】

六月六日，州北崔府君生日，多有献送，无盛如此。二十四日，州西灌口二郎生日，最为繁盛。庙在万胜门外一里许，敕赐神保观①。二十三日，御前献送。后苑作与书艺局等处制造戏玩，如球杖、弹弓、弋射之具②，鞍辔、衔勒、樊笼之类，悉皆精巧。作乐迎引至庙，于殿前露台上设乐棚，教坊、钧容直作乐，更互杂剧舞旋。太官局供食，连夜二十四盏，各有节次。至二十四日，夜五更争烧头炉香，有在庙止宿，夜半起以争先者。天晓，诸司及诸行百姓献送甚多。其社火呈于露台之上③，所献之物，动以万数。自早呈拽百戏，如上竿、趯弄、跳索、相扑、鼓板、小唱、斗鸡、说诨话、杂扮、商谜、合笙、乔筋骨、乔相扑、浪子杂剧、叫果子、学像生、倬刀、装鬼、砑鼓、牌棒、道术之类④，色色有之，至暮呈拽不尽。殿前两幡竿，高数十丈，左则京城所⑤，右则修内司，搭材分占，上竿呈艺解。或竿尖立横木，列于其上，装神鬼，吐烟火，甚危险骇人⑥。至夕而罢。

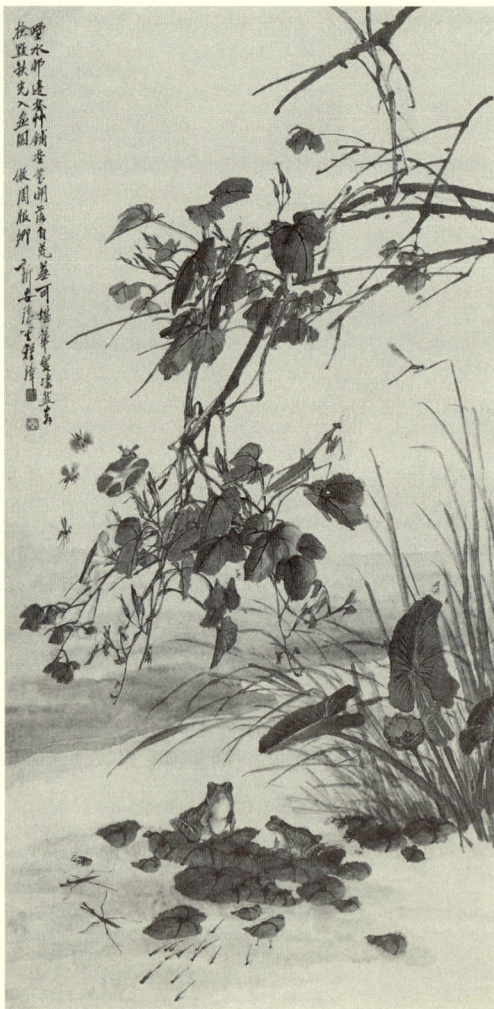

【注释】

①勑赐（chì cì）：即敕赐。指皇帝的赏赐。②弋射：泛指射猎禽兽。③社火：是民间节日举办的杂戏、杂耍等游艺活动。也是高台、高跷、旱船、舞狮、舞龙、秧歌等通称，具体形式随地域而有较大差异。露台：露天高台，也指露天戏台、舞台。④呈拽：指安排的意思。趯（tì）弄：跳跃之类的技艺。鼓板：宋元时期的表演艺术，艺人用鼓、板、萧管、笙等乐器演奏。说诨（hùn）话：宋代时一种滑稽诙谐的说唱艺术。倬刀：即掉刀。砑（yà）鼓：宋朝时的百戏之一。道术：即方

术。⑤幡（fān）竿：旗杆。幡，旗。京城所：即京城守具所。⑥骇人：使人充满惊骇恐慌。

【译文】

　　六月初六日，州城北崔府君祠举办崔府君生日祭祀，前来献送供品的人很多，简直没有比这更繁盛的了。二十四日，州城西灌口二郎庙供奉二郎神生日，那一天也是最为兴盛热闹的日子了。二郎庙在万胜门外约一里处，皇上特赐庙名为"神保观"。二十三日，宫中就派御前侍卫前来奉献供品。内宫后苑作坊与翰林书艺局等处，也分别制造出供游戏玩乐的物品，比如球杖、弹弓、射猎禽兽用的器具，以及马鞍辔、衔勒、铁木笼子之类的物品，全部都制作得十分精巧。由乐队作乐迎接这些宫中所献之物到庙里安放，在祠庙中正殿前搭建露台并设置了演出百戏的乐棚，禁军教坊司、钧容直负责奏乐，同时交替上演杂剧和舞蹈。太官局负责提供各类食品，从白天接连到夜晚，共有二十四盏食品，分别都有一定次序。到了六月二十四日，半夜五更开始人们就来争先烧头炉香，因此有人就在庙内住宿，以便能在半夜起床争抢成为第一个烧香的人。天亮以后，宫廷中的各官署以及各行各业的百姓来此烧香献送供品的就更多了。那些迎神赛会所表演的各种杂剧和杂耍就在露台之上，人们所献纳的物品，动辄能够数以万计。这一天从早上开始安排百戏演出，诸如上竿、趯弄、跳索、相扑、鼓板、小唱、斗鸡、说诨话、杂扮、商谜、合笙、乔筋骨、乔相扑、浪子杂剧、叫果子、学像生、倬刀、装鬼、研鼓、牌棒、道术之类的演出，样样都有，直到夜幕降临的时候也安排不完。庙中大殿前有两根旗杆，高有数十丈，左侧由京城所竖立，右边那根旗杆是由修内司竖起，是两家各自拿出材料搭建并分别由两所占用管理，杂耍表演的时候有人爬上旗杆呈献各种伎艺表演。也有的人在旗杆顶端安放横木，并且爬上去站在横木上面，装出神鬼的样子，时而口吐烟火，看上去特别危险而且令人惊骇恐慌。表演直到天色很晚才结束。

是月巷陌杂卖

【原文】

是月时物，巷陌路口，桥门市井，皆卖大小米水饭、炙肉、乾脯、莴苣笋、芥辣瓜儿、义塘甜瓜、卫州白桃、南京金桃、水鹅梨、金杏、小瑶李子、红菱、沙角儿、药木瓜、水木瓜、冰雪凉水荔枝膏，皆用青布伞，当街列床凳堆垛。冰雪惟旧宋门外两家最盛，悉用银器。沙糖菉豆①、水晶皂儿、黄冷团子、鸡头穰②、冰雪、细料馉饳儿、麻饮鸡皮、细索凉粉素签、成串熟林檎、脂麻团子、江豆磈儿③、羊肉小馒头、龟儿沙馅之类。都人最重三伏，盖六月中别无时节，往往风亭水榭，峻宇高楼，云槛冰盘，浮瓜沈李，流杯曲沼，苞鲊新荷④，远迩笙歌，通夕而罢⑤。

【注释】

①菉豆（lù）：即绿豆。菉，古通"绿"。②鸡头穰（ráng）：古时一种小吃。③江豆碢儿：似应是以豇豆为原料的食品。④鲊（zhǎ）：指各类腌制食品；或用米粉、面粉等加盐和其他作料拌制的切碎的菜，可以贮存。⑤迩（ěr）：近。通夕：通宵。

【译文】

这个月的应时食品，不论是大街小巷的路口，还是桥头、城门以及集市店铺，卖的都是大小米稀饭、炙肉、干脯、莴苣笋、芥辣瓜儿、义塘甜瓜、卫州白桃、南京金桃、水鹅梨、金杏、小瑶李子、红菱、沙角儿、药木瓜、水木瓜、冰雪凉水荔枝膏，都是用张开的青布伞遮阳，在当街排列支起床凳，用以堆垛各类食品。卖

冰雪冷饮的只有旧宋门外的那两家最为兴盛，他们全都使用银器盛装食品。这个季节所卖的食物还有沙糖绿豆、水晶皂儿、黄冷团子、鸡头穰、冰雪、细料馉饳儿、麻饮鸡皮、细索凉粉素签、成串熟林檎、脂麻团子、江豆碢儿、羊肉小馒头、龟儿沙馅之类。京城中人最看重三伏，因为六月当中有别于其他没有高温的时节，此时的人们可以常常流连在临风面水的亭榭中，登上高峻巍峨的楼宇之上远眺，或者坐在栏槛之内，享用冰盘冷饮，品尝冰凉泉水之中浸泡漂浮着的甜瓜和沉入水中的鲜李子等水果，流觞曲水的宴集之时，品尝各类腌制凉拌的佳肴，面对窗外水面，观赏新荷初绽游鱼戏水，不论远近，随处都能听到悠扬的笙歌之声，此情此景常常是通宵才结束。

七夕

【原文】

七月七夕，潘楼街东宋门外瓦子、州西梁门外瓦子、北门外、南朱雀门外街及马行街内，皆卖磨喝乐①，乃小塑土偶耳。悉以雕木彩装栏座，或用红纱碧笼，或饰以金珠牙翠，有一对直数千者。禁中及贵家与士庶为时物追陪。又以黄蜡铸为凫雁、鸳鸯、鸂鶒②、龟、鱼之类，彩画金缕，谓之"水上浮"。又以小板上傅土，旋种粟令生苗，置小茅屋花木，作田舍家小人物，皆村落之态，语之"谷板"。又以瓜雕刻成花样，谓之"花瓜"。又以油面糖蜜造为笑靥儿③，谓之"果食"，花样奇巧百端，如捺香方胜之类④。若买一斤，数内有一对被介胄者⑤，如门神之像。盖自来风梳，不知其从，谓之"果食将军"。又以菉豆、小豆、小麦于磁器内以水浸之，生芽数寸，以红蓝彩缕束之，谓之"种生"。皆于街心彩幙帐设出络货卖。七夕前三五日，军马盈市，罗绮满街，旋折未开荷花，都人善假做双头莲，取玩一时，提携而归，路人往往嗟爱⑥。又小儿须买新荷叶执之，盖效颦磨喝乐。儿童辈特地新粧⑦，竞夸鲜丽。至初六日七日晚，贵家多结彩楼于庭，谓之"乞巧楼"。铺陈磨喝乐、花瓜、酒炙⑧、笔砚、针线，或儿童裁诗，女郎呈巧，焚香列拜，谓之"乞巧"。妇女望月穿针。或以小蜘蛛安合子内，次日看之，若网圆正，谓之"得巧"。里巷与妓馆，往往列之门首，争以侈靡相向⑨。〔"磨喝乐"本佛经"摩睺罗"，今通俗而书之。〕

【注释】

①磨喝乐：亦作"磨合罗"等名称。两宋时期，演变成为"七夕"节供奉牛郎、织女的一种土泥偶人。每年的七夕节，无论是达官显贵，还是平民百姓，都用"磨喝乐"来供奉牛郎、织女，借此来实现"乞巧"和多子多福的愿望。②凫（fú）雁：野鸭与大雁。有时单指鸭与鹅。鸂鶒（xī chì）：水鸟名。形大于鸳鸯，多为紫色，俗称紫鸳鸯。③笑靥（yè）儿：一种食品名。④捺香：一种香名。方胜：即方形的彩胜。本为古代妇女的饰物，以采绸等为之，由两个菱形部分相迭而成。后也指这种形状的图案或花样。⑤介胄（jiè zhòu）：铠甲与头盔。⑥嗟（jiē）爱：赞叹、喜爱。⑦新粧（zhuāng）：新的衣裳。⑧酒炙：本意是酒和肉，也泛指菜肴。⑨侈靡：奢华。

【译文】

七月初七是七夕节，潘楼街东宋门外瓦子、州城西梁门外瓦子、北门外、南朱雀门外街以及马行街内，全都是卖磨喝乐的。所谓的磨喝乐，其实就是一种小巧的泥塑土偶人而已。大都是用精心雕镂的木料加以彩绘，再安装好栏杆做成底座安放磨喝乐，有的用红纱碧笼加以笼罩，有的用金银珍珠、象牙翠玉精心装饰一番，因此有的一对磨喝乐可价值数千钱。皇宫中以及富贵之家和百姓人家都把它作为应时物品追捧而买来作为陪衬。还有人用黄腊浇铸成野鸭与大雁、鸳鸯、鸬鹚、龟、鱼之类的小动物，并加以彩绘或金缕雕饰，这叫作"水上浮"。还有人在小木板上覆盖一层泥土，随即种上粟米种子，使之长出幼苗，并在小木板上安置一座小茅屋和各种花木，再制作一些农家小人儿，如此呈现出一个农家村落的生活状态，这种精心制作的景观叫作"谷板"。又把一些瓜类雕刻成各种花样，这种瓜就叫"花瓜"。还有人用油、面、糖、蜜为原料制作成娃娃的笑靥儿形状，这叫"果食"，花样个个新奇细巧，千姿百态，例如也有做成如捻香、方胜之类的形状的。如果买一斤这样的果食，其中必定要有一对身披铠甲的小人，像站立的门神一样，那形象大概出自远古的风流人物，但不知所遵从的是历史上的具体哪一个人，因此都

将这对小人叫"果食将军"。还可以用绿豆、小豆、小麦放在陶瓷器皿中用水浸泡淘洗，使其生出数寸长的芽来，然后用红蓝彩色丝线把这些幼苗分别捆扎成一束一束的，这叫作"种生"。以上所说的这些食品和各类物件，都在街市当中设置的彩色幕帐中摆设出来，联络过往行人以便将货物卖出去。七夕节前的三五天里，京城内就已经开始车马不绝塞满集市了，身穿锦缎罗绮者更是充满街巷。对于刚采摘来的还没有开放的荷花骨朵儿，京城中人善于做成一支支假的双头莲，拿在手中赏玩一时，然后提着带回家去，每当路人见了都会信以为真，纷纷流露出赞叹喜爱的神情。另外，七夕节的时候小孩子们都要买一片新荷叶拿在手中，这是因为要以此模仿磨喝乐玩偶的滑稽模样。孩童一辈们都特地穿上新装，竞相炫耀自己衣服的鲜艳亮丽。每当到了初六、初七的夜晚，一些富贵之家大多在

自家庭院之中搭建捆扎起一座彩楼，叫作"乞巧楼"。然后在彩楼内陈列摆设诸如磨喝乐、花瓜、酒菜、笔砚、针线等物，或者是让孩子们作诗，或者是让女孩子们呈献自己制作的精巧物件，然后点燃香火，家人们顺次排列礼拜，这叫"乞巧"。妇女们则都对着月亮穿针引线。有人将小蜘蛛装在一个盒子内，等到第二天打开观看，如果蜘蛛所织的网又圆又端正，这就叫"得巧"了。里巷中的人家与妓馆，往往将各种七夕节日用品陈列在门口或悬挂于门楣之上，争相攀比炫耀奢华的排场。（"磨喝乐"源于佛经中的"摩睺罗"，如今在这里按照通俗的说法来书写。）

中元节

【原文】

七月十五日，中元节。先数日，市井卖冥器、靴鞋、幞头、帽子、金犀假带、五彩衣服；以纸糊架子盘游出卖。潘楼并州东西瓦子，亦如七夕，要闹处亦卖果食、种生、花果之类，及印卖《尊胜目连经》。又以竹竿斫成三脚①，高三五尺，上织灯窝之状，谓之"盂兰盆"②，挂搭衣服冥钱在上焚之。构肆乐人③，自过七夕，便般《目连救母》杂剧④，直至十五日止，观者增倍。中元前一日，则卖练叶，享祀时铺衬桌面。又卖麻谷窠儿，亦是系在桌子脚上，乃告祖先秋成之意。又卖鸡冠花，谓之"洗手花"。十五日供养祖先素食，才明即卖穄米饭⑤，巡门叫卖，亦告成意也。又卖转明菜花、花油饼、馂馅、沙馅之类⑥。城外有新坟者，即往拜扫。禁中亦出车马诣道者院谒坟⑦。本院官给祠部十道，设大会，焚钱山，祭军阵亡殁⑧，设孤魂之道场。

【注释】

①斫（zhuó）：为用刀、斧等砍。②盂兰盆：祭祀先人的明器（冥器）。③构肆：即勾栏瓦肆。宋时各种艺人表演的场所。④般："搬"的通假字。此指搬演杂剧之意。⑤穄（jì）米：去壳后的穄子。一种谷物粮食，亦称"糜子"。⑥馂馅（jùn xiàn）：即馂馅。一种食品。⑦谒（yè）：一般常用的意思是拜见。⑧殁（mò）：亦作"没"，表示死亡。古人用沉没比喻死亡，"没"是死的委婉说法。

【译文】

七月十五日，是中元节。这个节日的前几天，街市上就开始有卖各种冥器、靴鞋、幞头、帽子、金犀假带、五彩衣服等物品的了；也有人把这些东西都摆放在纸糊的架子上转悠着叫卖。潘楼以及州城东、西的瓦子，也和七夕节时的街市状况一样，在热闹处也有卖果食、种生、花果之类的物品的，以及印刷一些《尊胜目连经》拿出来出售。另外还有人将竹竿砍削成三脚，高约三五尺，上端编成灯窝的形状，这东西叫"盂兰盆"，可以挂搭一些衣服和冥钱在上面一起焚烧。那些勾栏瓦肆中的艺人，自从过了七夕以后，便开始搬演《目连救母》杂剧，直到七月十五日才停止，观看的人数每天都成倍增加。

中元节的前一日，京城中就有卖楝树叶的，这是在祭祀时用来铺衬桌面的。还有卖麻谷窠儿的，也是为了在祭祀的时候把它系在桌子腿上，以此来祭告祖先秋季收成丰稔。还有在此叫卖鸡冠花的，这花叫作"洗手花"。七月十五日要在祖先灵位前供奉素食，所以当天早晨天刚亮就有卖穄米饭的，巡逻一样挨家挨户叫卖，同时也是在祭告祖先收获有成之意。另外还有叫卖转明菜花、花油饼、馂饐、沙饐之类的食品的。在京城郊外有新坟的人家，就要出城前去祭拜扫墓。禁宫中也派出车马前往道者院祭拜坟冢。道者院由官府发给祠部度牒十道，以便举办祭祀大会，在此焚烧纸钱堆叠而成的钱山，祭奠战争中阵亡死去的将士们，并且设置了超度这些孤魂的道场。

立秋

【原文】

立秋日，满街卖楸叶①，妇女儿童辈，皆剪成花样戴之。是月，瓜果梨枣方盛。京师枣有数品：灵枣、牙枣、青州枣、亳州枣。鸡头上市②，则梁门里李和家最盛。中贵戚里，取索供卖。内中泛索，金合络绎③。士庶买之，一裹十文，用小新荷叶包，掺以麝香，红小索儿系之。卖者虽多，不及李和一色拣银皮子嫩者货之。

【注释】

①楸（qiū）叶：楸树叶。②鸡头：这里指鸡头果。芡实的成熟种仁叫"鸡头果"，其果实形似"鸡头"故而得名。③金合：即金盒。合，通"盒"。络绎：连续不断；往来不绝。

【译文】

到了立秋那天，满街市到处都有卖楸叶的，妇女和儿童们，都将剪成各种花样的楸叶佩戴在身上。这个月份，正是瓜果梨枣生长最旺盛的季节。京城中的枣有好几个品种：有灵枣、牙枣、青州枣、亳州枣。鸡头果上市以后，则要数梁门里的李和店铺里的生意最为兴旺。内宫中的近侍、显贵以及亲戚故里，不时前来索取，李家都会及时供卖给他们。皇宫里时常来人到李和家大量采买，都是用金盒盛放，就这样连续不断地送入宫廷。一般士大夫和平民百姓来买鸡头果，都是一包十文钱，一律用小片新鲜荷叶包裹，再掺杂一粒米大小的麝香，并用红色的小绳系扎荷叶。卖这种鸡头果的店家虽然很多，但都比不上李和店铺，因为他们专门挑选银色皮子而且又鲜嫩的鸡头果售卖。

秋社

【原文】

八月秋社①，各以社糕社酒相赍送②。贵戚、宫院以猪羊肉、腰子、妳房③、肚肺、鸭饼、瓜姜之属，切作棊子片样④，滋味调和，铺于饭上，谓之"社饭"，请客供养。人家妇女皆归外家，晚归，即外公姨舅皆以新葫芦儿、枣儿为遗，俗云"宜良外甥"。市学先生预敛诸生钱作社会，以致雇倩祗应⑤、白席、歌唱之人。归时各携花篮、果实、食物、社糕而散。春社、重午⑥、重九亦是如此。

【注释】

①秋社：古代习俗，指在秋季祭祀土神的日子。②赍（jī）送：赠送。③妳房（nǎi）：亦作"奶房"。此指供食用的动物乳房。妳，同"奶"。④棊（qí）：同"棋"。⑤祗应（zhī yīng）：恭敬地伺候，照应。祗应司，为宋朝官署名。⑥重午（chóng wǔ）：旧时称端午节。也作重五。

【译文】

八月份举办秋社祭典的这一天，人们各自用社糕、社酒相互赠送。达官显贵、皇亲国戚、皇宫内院则用猪羊肉、腰子、动物乳房、肚肺、鸭饼、瓜姜之类食物做原料，切作棋子大小的片状，然后添加各种滋味的佐料，搅拌调匀，蒸熟之后铺盖在饭上，这就叫作"社饭"，以此来招待客人和用作祭祀的供品。百姓人家的妇女在这一天都要回娘家，晚上才回来，随即由孩子的外公、姨妈、舅父都用新上市的葫芦儿、枣儿作为礼物赠送给她，当时的风俗说法叫"宜良外甥"，认为这会给外甥带来吉祥。市井学堂的教书先生预先收取各位学生们的求学钱作为秋社盛会的资费，主要是用这些钱来雇请祇应人、白席人、歌唱艺人为秋社活动效力。待到秋社盛会散场的时候，他们都各自携带花篮、果实、食物、社糕而离去。每年的春社日、端午节、重阳节也都是这样度过的。

中秋

中秋节前，诸店皆卖新酒，重新结络门面彩楼。花头画竿，醉仙锦旆①。市人争饮，至午未间，家家无酒，拽下望子②。是时螯蟹新出，石榴、榅勃③、梨、枣、栗、孛萄、弄色柑橘④，皆新上市。中秋夜，贵家结饰台榭，民间争占酒楼玩月⑤。丝篁鼎沸，近内庭居民，夜深遥闻笙竽之声，宛若云外。闾里儿童，连宵嬉戏，夜市骈阗⑥，至于通晓。

【注释】

①锦旆（pèi）：亦称酒望、酒帘、青旗、酒旗等。旧时中国的一种商业风俗，是酒店的标志。②未：未时，即下午1点到3点之间。望子：古代酒店的招帘，或称酒旗等。③螯（áo）蟹：螃蟹。榅勃（wēn po）：即"榅桲"，木梨，是一种水果，也可入药。④孛萄：即葡萄。柑橘（chéng jú）：指橙橘类果品。⑤玩（wán）：同"玩"。⑥闾里：乡里；平民聚居处。骈阗（pián tián）：也作骈填、骈田。意思是人马聚集很多。形容非常热闹。

【译文】

　　中秋节前，京城中各家酒店都在卖新酿的酒，店家几乎都重新结扎门面彩楼，使之焕然一新。门前竖起顶端装饰彩绘花头的旗杆，上面悬挂着绘有醉仙之意的旗帜。京城中人争先进入酒店饮酒，从五更开市直到中午过后的未时之间，酒店一刻都没有空闲，等到各家酒店当天的酒都卖光了，店家就会取下酒旗。这时节螃蟹刚刚上市，各种水果诸如石榴、榅勃、梨、枣、栗、葡萄、青黄杂色又鲜亮的枨橘也都上市了。中秋月圆之夜，富贵之家纷纷结扎彩饰自家的亭阁台榭，平民百姓也都争先恐后到酒楼占据坐席酌酒赏月。月色中，各种弦管乐器悠扬响起，真可谓声声悦耳，热闹非凡，靠近皇宫内院而居住的百姓，深夜还能远远听到从宫中传来的吹奏笙竽之声，悠扬婉转，宛如天上神仙之乐飘然云外。里巷间平民家的孩童，高兴得通宵嬉闹玩耍。此时京城中的夜市更是人流涌动热闹非凡，就这样一直持续到天亮。

重阳

【原文】

九月重阳，都下赏菊有数种：其黄白色蕊若莲房曰"万龄菊"①，粉红色曰"桃花菊"，白而檀心②曰"木香菊"，黄色而圆者曰"金铃菊"，纯白而大者曰"喜容菊"，无处无之。酒家皆以菊花缚成洞户。都人多出郊外登高，如仓王庙、四里桥、愁台、梁王城、砚台、毛驼冈、独乐冈等处宴聚。前一二日，各以粉面蒸糕遗送，上插剪彩小旗，掺钉果实③，如石榴子、栗子黄、银杏、松子肉之

类。又以粉作狮子、蛮王之状，置于糕上，谓之"狮蛮④"。诸禅寺各有斋会，惟开宝寺、仁王寺有狮子会。诸僧皆坐狮子上，作法事讲说，游人最盛。下旬即卖冥衣、靴鞋、席帽、衣段，以十月朔日烧献故也。

【注释】

①蕊（ruǐ）：同"蕊"。
②檀心：浅红色的花蕊。
③饤（dìng）：供陈设的食品；罗列、堆砌。④狮蛮：宋代重阳节蒸糕上的粉制饰物。亦借指这种蒸糕。古代武官腰带钩上饰有狮子、蛮王的形象。

【译文】

九月九日是重阳节，此时在京城中可以观赏到的菊花有很多种：那种黄白色而花蕊像莲房似的菊花，名叫"万龄菊"，粉红色的叫"桃花菊"，白色而花蕊呈浅红色的菊花叫"木香菊"，黄色花瓣而花朵呈圆形的菊花叫

"金铃菊"，纯白色而花朵较大的菊花叫"喜容菊"，这些菊花争相斗艳，无处不在，比比皆是。各个酒店都用菊花扎缚成半圆形的高大门洞虚掩着门户。京城中大多数人都喜欢出城到郊外登高，比如去仓王庙、四里桥、愁台、梁王城、砚台、毛驼冈、独乐冈等地方宴饮聚会。重阳节前的一两天，人们各自用美味的面粉蒸糕相互赠送，上面插着各种纸剪的彩色小旗，糕上还掺杂着各式用来点缀的果实，诸如石榴子、栗子黄、银杏、松子仁之类。还有人用面粉做成狮子、蛮王的形状，放置在糕上，这叫作"狮蛮"。各个禅寺分别都设有本寺的斋会，只有开宝寺、仁王寺另外还有狮子会。众僧都坐在狮子座上，作法事并讲解佛教经义，这两座寺院里的游人最多。九月下旬就开始有卖冥衣、靴鞋、席帽、衣段等阴间物件了，因为十月初一日有向祖先祭祀烧献的习俗。

卷九

十月一日

【原文】

十日一日，宰臣已下受衣着锦袄。三日〔今五日〕，士庶皆出城飨坟①。禁中车马出道者院，及西京朝陵②。宗室车马亦如寒食节。有司进暖炉炭。民间皆置酒作暖炉会也③。

【注释】

①飨（xiǎng）坟：此指上坟祭祀。②西京：北宋西京河南府，在今河南省洛阳市。③暖炉会：北宋习俗，十月初一日开始生火取暖，这天要举行一个仪式，围炉宴饮，称为暖炉会。

【译文】

十日初一日，宰相以及在其以下的大臣都已经领受了天子赏赐的衣着、锦袄。十月初三日（现今在初五日），士大夫以及平民百姓都要出城到郊外祭祀坟茔。皇宫中派出车马前往道者院祭祀亡灵，并且还要到西京洛阳朝拜祭祀皇家陵寝。皇族宗室的车马也如同寒食节时的规矩一样，前往诸陵寝祭祀。朝廷各司属纷纷向宫中进献冬季火炉取暖所用的木炭。民间百姓在这一天都要动手置办酒宴举行暖炉会。

天宁节

【原文】

初十日天宁节①。前一月，教坊集诸妓阅乐。初八日，枢密院率修武郎以上②；初十日，尚书省宰执率宣教郎以上，并诣相国寺罢散祝圣斋筵③。次赴尚书省都厅赐宴。

【注释】

①天宁节：宋朝时，徽宗将自己的诞辰日定为天宁节。②枢密院：封建时代中央官署名。③筵（yán）：筵席。

【译文】

十月初十日是徽宗的生日，按例将这一天定为天宁节。在节前的一个月，教坊司便开始召集宫中各部艺妓校阅排练乐曲的演奏技艺。到了十月初八日，枢密院便率领修武郎以上官员做好准备；等到十月初十日，尚书省的宰相、执政率领宣教郎以上官员，各部人员一起到达相国寺，待到祝贺圣上天宁节的斋筵结束，随后一同奔赴尚书省都厅享用丰盛的天子赐宴。

宰执亲王宗室百官入内上寿

【原文】

十二日，宰执、亲王、宗室、百官入内上寿大起居〔摺笏舞蹈〕^①。乐未作，集英殿山楼上教坊乐人效百禽鸣^②，内外肃然，止闻半空和鸣，若鸾凤翔集^③。百官以下谢坐讫，宰执、禁从、亲王、宗室、观察使已上，并大辽、高丽、夏国使副，坐于殿上。诸卿少百官，诸国中节使人坐两廊。军校以下排在山楼之后。皆以红面青襯黑漆矮偏钉^④，每分列环饼、油饼、枣塔为看盘，次列果子。惟大辽加之猪羊鸡鹅兔连骨熟肉为看盘，皆以小绳束之。又生葱韭蒜醋各一碟^⑤。三五人共列浆水一桶，立杓数枚^⑥。教坊色长二人，在殿上栏干边，皆诨裹^⑦，宽紫袍，金带义襕，看盏，斟御酒。看盏者举其袖，唱引曰"绥御酒"，声绝，拂双袖于栏干而止。宰臣酒，则曰"绥酒"，如前。教坊乐部，列于山楼下彩棚中，皆裹长脚幞头，随逐部服紫绯绿三色宽衫，黄义襕，镀金凹面腰带，前列拍板，十串一行；次一色画面琵琶五十面；次列箜篌两座^⑧，箜篌高三尺许，形如半边木梳，黑漆镂花金装画，下有台座，张二十五弦，一人跪而交手擘之^⑨。以次高架大鼓二面，彩画花地金龙，击鼓人背结宽袖，别套黄窄袖，垂结带，金裹鼓棒，两手高举互击，宛若流星。后有羯鼓两座⑩，如寻常番鼓子，置之小桌子上，两手皆执杖击之，杖鼓应焉。次列铁石方响，明金彩画架子，双垂流苏。次列箫、笙、埙、篪、觱篥⑪、龙笛之类。两旁对列杖鼓二百面，皆长脚幞头，紫绣抹额，背系紫宽衫，黄窄袖，结带、黄义襕。诸杂剧色皆浑裹，各服本色紫绯绿宽衫、义襕、镀金带。自殿陛对立，直至乐棚。每遇舞者入场，则排立者叉手，举左右肩，动足应拍，一齐群舞，谓之"挼曲子⑫"。〔挼字仍回反。〕

【注释】

①搢笏（jìn hù）：亦作"搢忽"。插笏。古代君

臣朝见时均执笏，用以记事备忘，不用时插于腰带上。笏：古时官僚上朝时拿的手板。②山楼：临时搭建的彩色楼棚。③鸾凤：鸾鸟与凤凰。翔集：众鸟飞翔而后群集于一处。此处一语双关，用鸾凤翔集来比喻人才聚集。④褨：疑为"墩"误字，草编或木制的坐具，俗称草墩子、木墩子等。此指众官的座位，是黑色的木墩子，上面蒙着红色的布面。⑤㓪（dié）："碟"的通假字。⑥杓（sháo）：同"勺"。⑦诨裹：头巾一类，大多为教坊、杂剧人所戴。⑧箜篌（kōng hóu）：是中国古代传统弹弦乐器。最初称"坎侯"或"空侯"，在古代除宫廷雅乐使用外，在民间也广泛流传。⑨擘（bò）：拨弹琴弦的指法。用拇指抬弦称擘。这里引申为演奏。⑩羯（jié）鼓：是一种出自于外夷的乐器，据说来源于羯族。羯鼓两面蒙皮，腰部细，用公羊皮做鼓皮，因此叫羯鼓。⑪埙（xūn）、篪（chí）、觱篥（bì lì）：此三者皆为古代乐器。⑫挼（ruó）曲子：随着节拍伴舞。

【译文】

十月十二日，朝中宰执、亲王、宗室、百官都入宫为皇上祝寿，为此举行了盛大的拜寿朝贺典礼（群臣手执上朝所用的笏板按礼节拜舞，并山呼万岁）。朝贺呼声过后奏乐还没有响起之时，首先由集英殿的彩楼上教坊司中的艺人仿效百鸟鸣叫，宫殿内外顿时一片肃静安然，只听得半空中百鸟和鸣之声，犹如高贵的鸾鸟与凤凰飞翔而来会集宫中一般。百官以下向皇上谢坐完毕，宰执、禁从、亲王、宗室、观察使以上的官员，以及大辽、高丽、夏国的使臣与副使，都陆续坐在大殿上。各卿监的正副官员以及一部分重要司属的官员，还有各国使臣的随行官员坐在殿下两廊内。军校以下的人员都排列在彩楼后面。全都坐在用红色锦缎包裹座面、黑色漆的矮小木墩子，木墩偏侧钉有大盖儿铜钉。每个人面前的小桌上分别排列着装有环饼、油饼、枣塔等糕点的看盘，其次罗列的是各色果子。只有大辽国使臣前面多加了陈列着猪羊鸡鹅兔连骨的熟肉的看盘，连骨肉全都用小绳儿结扎起来。另外每个小桌上还有生的葱、韭、蒜及醋各一碟。还有供三五个人共用的面汤浆水一桶，木桶内壁立着几把汤勺。有教坊色长二人，站在大殿上的栏杆两边，分别都裹着一色头巾，身穿宽大紫袍，腰系金带义襕，负责看盏斟御酒。所谓的看盏，就是比如尚书给天子斟酒时，看盏的色长要举起双袖，高声吟唱说"绥御酒"，随着话音停止，甩动的双袖也拂到栏杆上而停下来。轮到宰臣斟酒时，则高声吟唱说"绥酒"，这次举袖、甩袖的动作跟之前一样。教坊司的乐队人员都排列于山楼下的彩棚中，他们都是头裹长脚

幞头，按照所在各部的要求分别身穿紫、绯、绿三色宽大的长衫，黄义襕，腰束镀金凹面腰带，排列在前边的是拍板，十串排成一行。其次是清一色的表面绘画的琵琶五十面。接下来排列的是箜篌两座，箜篌高有三尺左右，形状就像半边木梳，黑漆底色，雕镂花纹，并且绘有精美的描金图画，下方有台座，每座箜篌上配有二十五根弦，需要由一个人跪在地上用双手交互弹拨琴弦才能发声。再其次是在高高的鼓架上安放着两面大鼓，分别是彩绘的花底中画着飞舞的金龙，击鼓人两个宽大的衣袖反系在背后，另外在胳膊上套着黄色的窄袖，两手拿着的鼓槌上垂挂着丝带，鼓棒由金箔包裹，两手高举，随着节奏交替击鼓，动作之快宛若流星一般。在两座大鼓的后面还有羯鼓两座，形状就像平常所见的番邦鼓子，两座羯鼓分别都安放在一张小桌子上面，击鼓手的两只手都拿着鼓杖击打鼓面，鼓杖的击打要应和大鼓的节奏，在那里一起擂动。在其后还排列着金属和石制成的方响，悬挂在明亮的配有镶金彩绘图案的架子上，架子两端悬垂着流苏。再其次排列的是箫、笙、埙、篪、觱篥、龙笛之类的乐器。两旁是两两相对排列的杖鼓二百面，击鼓手都是头戴长脚幞头，束着紫色的刺绣抹额，穿着背后系带的紫色宽衫，两臂都套着黄色窄袖，垂挂丝带，黄义裥。各部杂剧艺人全都是裹着本部颜色的头巾，各自穿着标志本部颜色的紫、绯、绿三种颜色的宽衫、义裥，腰束镀金腰带。从御殿前的石阶下开始两两相对而立，一直排列到乐棚。每逢遇到歌舞者入场表演时，排列在这里的杂剧艺人就将两手在胸前相交或者是双手叉腰，耸动左右肩膀，跳动双足以应和音乐的节拍，一同整齐地开始群舞，这叫作"挼曲子"。（挼字仍回反）。

【原文】

第一盏御酒，歌板色一名，唱中腔一遍讫，先笙与箫笛各一管和，又一遍，众乐齐举，独闻歌者之声。宰臣酒，乐部起倾盃①。百官酒，三台舞旋，多是雷中庆。其余乐人舞者诨裹宽衫，唯中庆有官，故展裹。舞曲破攧前一遍，舞者入场，至歇拍②，续一人入场，对舞数拍，前舞者退，独后舞者终其曲，谓之"舞末"。

第二盏御酒，歌板色唱如前。宰臣酒，慢曲子。百官酒，三台舞如前。

第三盏，左右军百戏入场，一时呈拽。所谓左右军，乃京师坊市两厢也，非诸军之军。百戏乃上竿、跳索、倒立、折腰、弄盌注、踢瓶、筋斗、擎戴之类③，即不用狮豹大旗神鬼也。艺人或男或女，皆红巾彩服。殿前自有石镌柱窠④，百戏入场，旋立其戏竿。凡御宴至第三盏，方有下酒肉，醯豉爆肉、双下驼峰角子。

第四盏，如上仪，舞毕，发谭子，参军色执竹竿拂子，念致语口号，诸杂剧色打和，再作语，勾合大曲舞。下酒榼⑤，禽子骨头、索粉、白肉胡饼。

第五盏御酒，独弹琵琶。宰臣酒，独打方响。凡独奏乐，并乐人谢恩讫，上殿奏之。百官酒，乐部起三台舞，如前毕。参军色执竹竿子作语，勾小儿队舞。小儿各选年十二三者二百余人，列四行，每行队头一名，四人簇拥，并小隐士帽，着绯绿紫青生色花衫⑥，上领四契，义襕束带，各执花枝排定。先有四人裹卷脚幞头、紫衫者，擎一彩殿子，内金贴字牌，擂鼓而进，谓之"队名"。牌上有一联，谓如"九韶翔彩凤，八佾舞青鸾"之句⑦。乐部举乐，小儿舞步进前，直叩殿陛。参军色作语问，小儿班首近前进口号，杂剧人皆打和毕⑧，乐作，群舞合唱，且舞且唱，又唱破子毕，小儿班首入进致语，勾杂剧入场，一场两段。是时教坊杂剧色鳖膨、刘乔、侯伯朝、孟景初、王彦喜而下，皆使副也。内殿杂戏，为有使人预宴，不敢深作谐谑，惟用群队装其似像市语，谓之"拽串"。杂戏毕，参军色作语，放小儿队，又群舞《应天长》曲子出场。下酒：群仙炙、天花饼、太平毕罗、干饭、缕肉羹、莲花肉饼。驾兴，歇座，百官退出殿门幕次。须臾追班起居再坐。

【注释】

①倾盃（bēi）：即倾盃乐，教坊曲子名。②破撷（diān）：曲调名。歇拍：唐宋大曲曲调名。③弄盌（wǎn）注：古代杂技节目，向器皿中注水进行表演，而不让水溢出。踢瓶：杂技的一种，演员仰卧，双脚上举瓶缸来表演。④镌（juān）：凿；雕刻。窠（kē）：洞；坑。⑤榼（kē）：泛指盒类容器。⑥生色：色彩鲜艳。⑦佾（yì）：古代乐舞的行列。八佾，八行八列，共六十四人。按西周等级规定，天子用八佾。⑧打和（hè）：这里指一种表演形式。

【译文】

斟满第一盏酒，皇上饮酒时，由歌板色一名，上场唱一段中腔，等一遍唱完之后，首先由吹奏者分别拿起笙与箫、笛各一支吹奏，相互应和，接着他又唱一遍，这时各种乐器一齐奏响，只听到歌唱者嘹亮的歌声在宫殿之中回荡。宰臣敬酒时，乐队奏起《倾杯乐》这首曲子，然后宰臣一饮而尽。百官敬酒时，舞者随着三台曲调起舞飞旋，此时的舞者大多由雷中庆出演。其余伴奏和扮舞的艺人全都裹着头巾、身穿宽衫，其中只有雷中庆有官职，因而他展开诨裹，穿着特制的服饰。舞曲演奏到破撷的前一遍，舞蹈者入场表演，演奏到歌拍时，又有一人入场，然后两人对舞数个拍节之后，先入场表演舞蹈的人退场，只留下后一个入场的舞者一直跳到乐曲结束，这叫"舞末"。

斟满第二盏酒，皇上饮酒时，歌板色演唱依旧像前一个人一样演唱。宰臣敬酒时，乐队奏起了节奏舒缓的慢曲子。百官敬酒时，随《三台》曲调起舞的人同前面的舞者一样。

斟满第三盏酒，这时候左右军表演百戏的艺人全部入场，迅速安排演出顺序。所谓的"左右军"，指的是京城之中守卫街坊集市的两厢军，而不是各部禁军中的"军"。他们所表演的百戏为爬竿、跳索、倒立、折腰、弄碗注、踢瓶、筋斗、擎戴之类的伎艺，就是说他们不用狮豹表演，或者是上台舞弄大旗、装神弄鬼之类的表演。百戏艺人有的是男人，有的是女人，但不论男女，全都裹着红巾，身穿彩色的衣服。大殿前原本就有用大石凿成的柱坑和解结的用具，百戏艺人一入场，随即就能在那里树起表演时所使用的戏竿。凡是在御宴之上，只有到第三盏酒时，才有佐酒的肉菜，比如醎豉爆肉、双下驼峰角子等。

斟满第四盏酒时，一开始如同以上的表演形式一样，待到舞蹈结束，便开始表演诙谐滑稽的节目。然后参军色手执竹竿拂尘，走上台前念唱致贺辞和祝颂口号，这时各部杂剧色在一旁随声应和。紧接着再次念唱一段颂辞，众人便结合大曲的节奏起舞。这时候便有侍者端来盛放下酒菜肴的盒盘，里面有禽子骨头、粉丝、白肉胡饼。

斟满第五盏酒，皇上饮酒时，只有一个乐师弹奏琵琶独奏。宰臣敬酒时，只有击打方响独奏。凡是艺人单独奏乐，要和其他乐人一样先行谢恩礼，行礼完毕后才能上殿演奏乐曲。百官敬酒时，乐队奏起三台舞曲，此时的舞蹈表演和前面一样。表演结束，参军色手执竹竿子上前念唱解说辞，并招引小儿队表演舞蹈。小儿舞队挑选年龄在

十二三岁的二百多人，排列成四行，每行设有队头一名，并由四人簇拥着，而且每个人都是头戴小隐士帽，身穿绯、绿、紫、青四种颜色、具有生动鲜明色彩的花衫，上衣领四面开衩但有扣带，义襕束带，手中各执花枝按顺序排定。先有四个头裹卷脚幞头、身穿紫衫的儿童，手里举着一块彩殿子，里面贴着金色字牌，随着擂鼓的节奏而进，这牌子叫作"队名"。字牌上有一副对联，写着诸如"九韶翔彩凤，八佾舞青鸾"这样的句子。这时乐队开始奏乐，小儿队都踏着整齐的舞步向前行进，一直来到殿前石阶叩见天子。随后参军色致颂辞，并发问，然后小儿队首领向前进一步向皇上致颂诗。此时，其他杂

剧艺人都站在旁边随声应和，制造气氛，随后乐声大作，小儿队开始群舞并合唱，而且是一边舞蹈一边歌唱。这一次又唱了一段大曲中的"破子"，唱完之后，小儿队首领再次入场，前进几步开始致颂辞，然后指挥表演杂剧的艺人入场，这一场杂剧演出分为两段。当时教坊司的杂剧角色，鳖膨、刘乔、侯伯朝、孟景初、王彦喜以下的人，都是教坊使副。在皇宫内殿表演杂戏，因为有各国使臣参加宴饮，所以不敢表演过分的戏谑逗唱，只是由群队演似像非像的节目，叫作"拽串"。杂戏表演完毕，参军色致词，接着放小儿队上场，群舞《应天长》的曲子，舞蹈结束就全部退出场。此时，送上来的下酒菜肴有：群仙臠、天花饼、太平毕罗、干饭、缕肉羹、莲花肉饼。这时，皇上乘兴起身离座，稍稍休息一会儿，文武百官则退出殿门到幕帐中休息。不大一会儿又按照班列次序，起身朝拜天子之后重新落座。

【原文】

第六盏御酒，笙起慢曲子。宰臣酒，慢曲子。百官酒，三台舞。左右军筑球。殿前旋立球门，约高三丈许，杂彩结络，留门一尺许。左军球头苏述，长脚幞头、红锦袄，余皆卷脚幞头，亦红锦袄，十余人。右军球头孟宣并十余人，皆青锦衣。乐部哨笛杖鼓断送。左军先以球团转，众小筑数遭，有一对次球头小筑数下，待其端正，即供球与球头，打大廉过球门①。右军承得球，复团转，众小筑数遭，次球头亦依前供球与球头，以大廉打过，或有则便复过者胜。胜者赐以银盌锦彩，拜舞谢恩，以赐锦共披而拜也。不胜者球头吃鞭，仍加抹抢。下酒：假鼋鱼②、密浮酥捺花。

第七盏御酒，慢曲子。宰臣酒，皆慢曲子。百官酒，三台舞讫，参军色作语，勾女童队入场。女童皆选两军妙龄容艳过人者四百余人，或戴花冠，或仙人髻，鸦霞之服；或卷曲花脚幞头，四契红黄生色销金锦绣之衣。结束不常，莫不一时新妆，曲尽其妙。杖子头四人，皆裹曲脚向后指天幞头，簪花，红黄宽袖衫、义襕，执银裹头杖子。皆都城角者，当时乃陈奴哥、俎姐哥③、李伴奴、双奴，余不足数。亦每名四人簇拥，多作仙童丫髻仙裳，执花舞步，进前成列。或舞《采莲》，则殿前皆列莲花。槛曲亦进队名。参军色作语问队，杖子头者进口号，且舞且唱。乐部断送《采莲》讫曲终，复群舞，唱中腔毕，女童进致语，勾杂戏入场，亦一场两段讫。参军色作语，放女童队，又群唱曲子，舞步出场。比之小儿，节次增多矣。下酒：排炊羊、胡饼、炙金肠。

第八盏御酒，歌板色一名唱踏歌。宰臣酒，慢曲子。百官酒，三台舞合曲破舞旋。下酒：假沙鱼、独下馒头、肚羹。

第九盏御酒，慢曲子。宰臣酒，慢曲子。百官酒，三台舞。曲如前。左右军相扑。下酒：水饭、簇钉下饭④。驾兴。

御筵酒盏，皆屈卮如菜盌样⑤，而有手把子。殿上纯金，廊下纯银。食器金银镀漆盌楪也⑥。宴退，臣僚皆簪花归私第，呵引从人皆簪花并破官钱。诸女童队出右掖门，少年豪俊争以宝具供送饮食酒果迎接，各乘骏骑而归。或花冠，或作男子结束，自御街驰骤，竞逞华丽，观者如堵。省宴亦如此。

【注释】

①大㬱（qiǎn）：同"㡇"。筑球场上的术语。②鼋（yuán）

鱼：即"鼋"，是龟鳖科中的一属。古人以为鼋是一种鱼，实际是一种误解。③俎（zǔ）姐哥：艺人名。④簇钉（dìng）：堆叠在食具中供陈设的食品。⑤屈卮（zhī）：有曲柄的酒杯。卮，古代一种盛酒的器皿。盌：同"碗"。⑥鿔（líng）：金名。楪（dié）：古同"碟"，盛食物的小盘。

【译文】

斟满第六盏酒，皇上饮酒时，大殿上响起的是用笙奏起的慢曲子。宰臣敬酒时，吹奏的也是曲调悠扬的慢曲子。百官敬酒时，三台起舞。然后是左右军进行筑球比赛。只见大殿前随即有人跑过去立起一座球门，大约高有三丈左右，由各色丝织物交错连接成球网，留出宽有一尺左右作球门。左军球队头领是苏述，只见他头戴长脚幞头，身穿红色锦袄，其余队员都是头戴卷脚幞头，也都穿红色锦袄，共有十多个人。右军球队头领孟宣和他的球员十多个人，都是身穿青色锦衣。乐部吹响哨笛、击打杖

鼓欢送两队球员入场，奏乐结束后宣布筑球比赛开始。左军先将球旋转然后传给本队球员，众球手略微击球数次互相传送着，这时有两个仅次于球头的位置将球略击数下，等到这球的位置正对着对方的球门时，看准时机，立即供球给球头，球头一个"打大膁"便从球门中部打过球门。右军得到球后，重新让球旋转然后发给球员，众球手略击数次相互传送着，次球头也像左军那样供球给本队球头，球头也是一个"打大膁"便从球门中部打过球门。两队中若有哪一方有机会多次击球过球门的就得胜。获胜的球队将由皇上赐给银碗和锦彩，球员便拜舞山呼万岁以谢恩，然后众人一起披着天子赏赐的锦缎再次拜谢。没有取胜的一方，其球头要承受一鞭抽打，而且还要加上用色粉涂面留下标记的惩罚。这时端上来的下酒菜肴是：假鼋鱼、密浮酥捺花。

斟满第七盏酒，皇上饮酒时，乐部开始演奏慢曲子。宰臣敬酒时，也是

演奏慢曲子。百官敬酒时，奏响了三台舞曲，舞毕，参军色上前致辞，招引女童队入场。这些女童全都选自京城两军辖区内青春年少、容颜超众者有四百余人，有的头戴花冠，有的梳着仙人髻，身穿黑红两色轻柔如霞的舞衣；有的头戴卷曲花脚子幞头，身穿四边开衩带扣，红黄生色镶嵌金线的锦绣之衣。她们的装束不同寻常，无一不是当时最新潮的服装，可谓婀娜多姿，曲尽其妙。另有"杖子头"四人，都是头裹曲脚子向后指天幞头，上面插着簪花，身穿带有红黄两色的宽袖衫、义襕，手里拿着银裹头的手杖，担任杖子头的都是京城的名角，当时是陈奴哥、俎姐哥、李伴奴、双奴，其余的人都不值得一提。也是每一个杖子头由四个女童簇拥着，大多打扮成仙童模样，梳着仙童丫髻，身穿仙裳，手执花朵，踏着舞步，向前行进排列成队。有时候舞《采莲曲》，那么就会在大殿前排列莲花。也如此前的小儿队表演时那样，随着擂鼓的节奏而进，手举彩殿子显示队名牌。然后参军色致辞，并向举牌女童发问，这时杖子头上前致颂诗，随后也是边舞边唱。等到乐部演奏

《采莲曲》完毕，重新又开始群舞，有人上来唱一曲中腔完毕，然后女童进身向前致词，紧接着招引表演杂戏的艺人入场，也是一场表演两段才结束。表演完毕以后，参军色再次上台致辞，放女童队入场，又合唱一支曲子，女童队踏着舞步退场。比起此前的小儿队，女童队的演出内容增多了。这时端上来的下酒菜肴有：排炊羊、胡饼、炙金肠。

斟满第八盏酒，皇上饮酒时，有一名歌板色上台来唱《踏歌》。宰臣饮酒时，演奏的是慢曲子。百官敬酒时，奏《三台》舞曲，三台舞迎合着"曲破"的节拍一起舞蹈。这时端上来的下酒菜肴有：假沙鱼、独下馒头、肚羹。

斟满第九盏酒，皇上饮酒时，演奏慢曲子。宰臣敬酒时，也演奏慢曲子。百官敬酒，三台舞起舞，曲子同之前一样。这时有左右军表演相扑。此时的下酒饭食有：水饭、堆叠在食具中的食品。随后，皇上乘兴起身离座。

御筵上使用的酒盏，都是有曲柄的酒盏，就像菜碗的形状那样，但它有手把子。大殿上君臣所使用的酒器是纯金的，廊下众人所使用的酒器是纯银的。盛装食物的器具都是金、银、铵和漆器的碗碟。宴饮完毕众人退去，群臣百官都头戴皇上赏赐的簪花回到自己的府宅，在主人前面负责呵喝开道的和其他随从也都头戴簪花，并且得到了破例赏赐的官钱。参加表演的各部女童队从右掖门出宫，京城里那些年轻的纨绔子弟们争相用珍宝作为礼物赠送，并且都用精美的器具送来各色饮食酒果迎接她们归来，然后各自乘骏马而归。女童们有的戴着花冠，有的扮作男子装束，从御街上快马加鞭疾速奔驰，竞相展示她们的奢华艳丽，引来观者如云，堵满了街道。有时候朝廷省试发榜后，天子赐宴也是如此盛大。

立冬

【原文】

是月立冬。前五日西御园进冬菜。京师地寒，冬月无蔬菜，上至宫禁，下及民间，一时收藏，以充一冬食用。于是车载马驮，充塞道路。时物：姜豉[①]、剩子、红丝、抹脏、鹅梨、榅桲[②]、蛤蜊、螃蟹。

【注释】

①姜豉（chǐ）：乃唐宋时期开封市肆名馔和寒食节传统食品。
②榅桲（wēn po）：落叶灌木或小乔木，叶卵形或长椭圆形，果实有香气，味甘酸，供食用或药用。

【译文】

这个月农历十月是立冬。立冬前五天，西御园就开始运进来大量准备冬季吃的菜。因为京城地区的冬天较为寒冷，冬季里各种蔬菜无法生长，上自皇宫内廷，下到民间百姓，都在这同一时间里忙于收藏存储各种菜蔬，以便充实整个冬季的食用。于是就出现了用车运载和用驴马驮运的盛况，以至于人流车马阻塞拥堵道路。当时要储备的食物有：姜豉、剩子、红丝、抹脏、鹅梨、榅桲、蛤蜊、螃蟹。

卷 十

冬至

【原文】

十一月冬至①。京师最重此节，虽至贫者，一年之间，积累假借，至此日更易新衣，备办饮食，享祀先祖。官放关扑②，庆贺往来，一如年节。

【注释】

①冬至：中国农历中一个重要的节气，也是中华民族的一个传统节日。②关扑：又名关赌，大抵是以物品为彩头赌掷财物，与当今打气球、抛套环之类游戏相似。

【译文】

十一月份有一个节气叫冬至。京城中人最看重这一节日，即使是最贫困的人，也要在一年之中省吃俭用地积余些许钱物，或者是出去

向别人家借贷，到了冬至这一天都要添置或更换上新衣帽，准备物品置办饮食，还要祭祀祖先。并且，在这一天，官府开放"关扑"的禁令，人们相互庆贺往复而来的节日来临，所有人都兴高采烈如同过年一样。

大礼预教车象

【原文】

遇大礼年①，预于两月前教车象。自宣德门至南薰门外，往来一遭。车五乘②，以代五辂轻重③。每车上置旗二口，鼓一面，驾以四马。挟车卫士，皆紫衫帽子。车前数人击鞭。象七头。前列朱旗数十面，铜锣鼙鼓十数面④。先击锣二下，鼓急应三下。执旗人紫衫帽子，每一象则一人裹交脚幞头紫衫人跨其颈，手执短柄铜镬⑤，尖其刃，象有不驯，击之。象至宣德楼前，团转行步数遭成列，使之面北而拜，亦能唱喏。诸戚里、宗室、贵族之家，勾呼就私第观看，赠之银彩无虚日。御街游人嬉集，观者如织。卖扑土木粉捏小象儿，并纸画，看人携归以为献遗。

【注释】

①大礼：庄严隆重的盛大典礼。②乘（shèng）：古代称四匹马拉

273

的车，一辆为一乘。春秋时多指兵车。此处有"辆"之意。③五辂（lù）：古代帝王所乘的五种车子，即玉辂、金辂、象辂、革辂和木辂：古代的一种大车。④鼙鼓（pí gǔ）：是中国古代军队中用的小鼓，汉以后亦名骑鼓。古代乐队也用。⑤钁（jué）：一种用来挖掘土所用的农具，类似镐。

【译文】

遇到大礼之年，都是预先在两个月前就开始教阅车辆和驯象。从宣德门到南薰门外，每天往返一次。这其中有大车五辆，用来代替皇上出行时所乘的"五辂"的仪规。轻车和重车的每辆车上都设有两面旗，并放置一面鼓，都用四匹马驾车。两旁护卫车驾的卫士，全都身穿紫衫头戴帽子。车厢前有几个人扬手击鞭。大象共有七头。在大象的前面排列红旗数十面，铜锣和鼙鼓共有十余面。行进时先击锣二下，紧接着有人敲响鞶鼓急速应和三下。举旗之人也都是身穿紫色衫袍、头上戴着帽子，每一头大象则都有一个裹着交脚幞头、身穿紫衫之人跨在它的颈背上，手里拿着短柄的铜镬，其刃很尖锐，每当大象有不驯服的时候，就用此击打它。大象走到宣德楼正门前面，便开始绕着楼前的空地行走数圈，然后排成队列，驯象师让它们面向北，它们就向大家行拜首礼，大象也能发出唱喏之声。因此，那些皇亲国戚、宗室亲王以及达官贵族之家的人们，纷纷召唤车象队到自家私人宅第来观看，然后赠送他们金银彩帛等物品的情况几乎每天都有。御街上的游人喧闹着聚集在一起，因而观看车象教阅表演的人多得像织的网一样密集。在御街上做买卖和做关扑生意的都在卖一些泥塑的、或用木雕成的、或用面粉捏的小象儿，另外还有用纸画的车象，前来观看的人纷纷将这些东西带回去作为赠送他人的礼物。

车驾宿大庆殿

【原文】

冬至前三日，驾宿大庆殿。殿庭广阔，可容数万人。尽列法驾仪仗于庭，不能周徧^①。有两楼对峙，谓之"钟鼓楼"。上有太史局生，测验刻漏^②，每时刻作鸡唱，鸣鼓一下，则一服绿者执牙牌而奏之，每刻曰"某时几棒鼓"，一时则曰"某时正"。宰执百官，皆服法服，其头冠各有品从。宰执亲王加貂蝉笼巾九梁，从官七梁，余六梁至二梁有差。台谏增獬角也^③。所谓"梁"者，谓冠前额梁上排金铜叶也。皆绛袍皂缘，方心曲领，中单，环佩，云头履鞋。随官品执笏。余执事人，皆介帻绯袍^④，亦有等差。惟阁门御史台加方心曲领尔。入殿祗应人给黄方号^⑤，余黄长号、绯方长号，各有所至去处。仪仗车辂，谓信幡^⑥、龙旗、相风乌、指南车^⑦、木辂、象辂、革辂、金辂、玉辂之类。自有《三礼图》可见，更不缕缕。排列殿门内外及御街远近，禁卫全装，铁骑数万，围绕大内。是夜内殿仪卫之外，又有裹锦缘小帽、锦络缝宽衫兵士，各执银裹头黑漆杖子，谓之"喝探兵士"。十余人作一队，聚首而立，凡十数队。各一名喝曰："是与不是？"众曰："是。"又曰："是甚人？"众曰："殿前都指挥使高俅。"

更互喝叫不停。或如鸡叫。又置警场于宣德门外，谓之"武严兵士"。画鼓二百面，角称之。其角皆以彩帛如小旗脚装结其上。兵士皆小帽，黄绣抹额，黄绣宽衫，青窄衬衫。日晡时⑧、三更时，各奏严也。每奏先鸣角，角罢，一军校执一长软藤条，上系朱拂子，擂鼓者观拂子，随其高低，以鼓声应其高下也。

【注释】

①法驾：天子车驾的一种。天子的车驾分为大驾、法驾、小驾三种。徧（biàn）：同"遍"。②刻漏：漏壶。古代一种计时仪器，以铜为壶，壶底穿孔。壶中立一有刻度的箭形浮标，壶中水滴漏渐少，箭上度数即渐渐显露。③台谏：宋代御史和谏官的合称。廌（zhì）：古同"獬豸（xiè zhì）"，古代传说中的异兽（一说独角兽），能辨是非曲直。古代法庭上用它来辨别罪犯，它会攻击无理者使其离去。④介帻（zé）：古

代中国男子包裹鬓发、遮掩发髻的巾帕。始行于汉魏，即后来的进贤冠。⑤祗（zhī）应人：泛指古时候官府的小吏或富贵人家的仆从。⑥信幡（fān）：又作"信旛"。古代题表官号、用为符信的旗帜，用各种不同图案和颜色制成。⑦相风乌：原本作"相风乌"，"乌"应为"乌"。古代铜制的乌形风向器。此指皇上乘坐的一种车，车上装有高竿，竿上有乌鸦形状的风向仪。指南车：指南车又称司南车，是中国古代用来指示方向的一种装置。它与指南针利用地磁效应不同，它不用磁性。它是利用机械传动系统来指明方向的一种机械装置。⑧日晡（bū）：即申时，相当于现在的下午三点到五点。

【译文】

冬至的前三天，皇上就留宿在大庆殿。这座大殿的庭堂非常广大而宽阔，可以容纳数万人。即使将皇帝法驾仪仗所有的车马、武器、旗帜等全部排列起来，殿庭中也不能遍及。大庆殿的殿外有东西两楼相对而立，称它们为"钟鼓楼"。楼上有太史局的年轻属员测量检验计时的刻漏，每当到整时与每一刻的时候都作鸡鸣，鸣鼓一下，于是旁边就会有一个身穿绿衣服的人手执牙牌而大声奏告。每到一刻，就奏报说"某时几棒鼓"，每到一个整时的时候，就大声奏报说"某时正"。朝中的宰相、执政及文武百官，都身穿礼法规定的标准服饰，他们头上所戴的冠冕各有品级区分。宰相、执政、亲王头戴貂蝉笼巾加九梁，侍从官为七梁，其余官员分别从六梁到二梁各有区别。而台谏官就要在冠上增加鹰角装饰了。所谓的"梁"，指的是冠前额梁上排列的金或铜叶片。所有朝廷官员都身穿绛红色袍服且镶着黑边，袍服的前胸有方形图案，圆领，里面贴身穿浅色单内衣，腰间系着单环玉佩，脚穿云纹状头饰的鞋靴。根据官品级别的不同手执不同的朝笏。其余的执事人员，全是头

裹巾帕、身穿绯红色袍服，同样根据服饰显示等级差别。只有内阁门、御史台的人才能穿前胸有方形图案、圆领的官服。每天到大庆殿内当值的人，都要发给他们黄色方形号牌，对于其余在殿外当值的人一律发给黄色长形号牌，或者是绯红色方、长形号牌，他们都要按照号牌指示分别到各自应该去的地方候令。皇上的仪仗车辂，所包括的是信幡、龙旗、相风乌、指南车、木辂、象辂、革辂、金辂、玉辂之类。这些车架的规制和样式自然是可以从《三礼图》中详细了解，这里就不再详尽记述了。排列在大庆殿门内外以及御街从远到近之处的禁卫军士兵，个个全副武装穿戴整齐，骑着铁甲马，足有数万人围绕在皇宫周围日夜巡视。这天夜里，除了大庆内殿安排的仪卫队之外，还有头戴锦边小帽，身穿锦络缝制的宽衫的兵士，他们每个人手里分别拿着银裹头黑漆杖子，被称为"喝探兵士"。他们十多个人为一队，排列整齐地聚集在一起昂首站立，这样的队伍有数十队。各队中都有一人负责喊口令问道："是与不是？"众人回答道："是。"那人又高声问道："是什么人？"众人回答道："殿前都指挥使高俅。"就这样各队更替喝叫不停。如同鸡啼。另外还在宣德门外设置了警戒场所，这里的军士叫作"武严兵士"。在这警场里有画鼓二百面，并有号角相配合它们。那些号角全都是用彩帛做成像小旗尾一样的装饰物系在上面。这里的兵士都头戴小帽，缠裹着黄色刺绣抹额，身穿黄色刺绣宽衫，里面贴身穿着青色窄衬衫。等到了申时和夜里三更时，分别奏乐一阵儿，以此来表示开始戒严了。每次奏乐前都是先鸣响号角，等号角声音停止，就会有一个军校手执一根长而柔软的藤条，上面系着朱红色的拂尘，擂鼓者看着拂尘起落的节奏，随着它的或高或低，用鼓声来应和它的高低上下，整齐而有节奏。

驾行仪卫

次日五更，摄大宗伯执牌奏中严外办[1]。铁骑前导番衮[2]，自三更时相续而行。象七头，各以文锦被其身，金莲花座安其背，金辔笼络其脑，锦衣人跨其颈。次第高旗大扇，画戟长矛，五色介胄。跨马之士，或小帽锦绣抹额者，或黑漆圆顶幞头者，或以皮如兜鍪者[3]，或漆皮如戽斗而笼巾者[4]，或衣红黄罨画锦绣之服者，或衣纯青纯皂以至鞋裤皆青黑者[5]，或裹交脚幞头者，或以锦为绳如蛇而绕系其身者，或数十人唱引持大旗面过者，或执大斧者，胯剑者，执锐牌者[6]，持镫棒者[7]，或持竿上悬豹尾者，或持短杵者[8]。其矛戟皆缀五色结带铜铎，其旗扇皆画以龙或虎或云彩或山河。又有旗高五丈，谓之"次黄龙"。驾诣太庙青城，并先到立斋宫前，叉竿舍索旗坐约百余人；或有交脚幞头，胯剑足靴，如四直使者，千百数，不可名状。余诸司祗应人，皆锦袄。诸班直、亲从、亲事官，皆帽子结带红锦，或红罗上紫团答戏狮子、短后打甲背子，执御从物。御龙道皆真珠结络短顶头巾，紫上杂色小花绣衫，金束带，看带，丝鞋。天武官皆顶朱漆金装笠子，红上团花背子。三衙并带御器械官，皆小帽，背子或紫绣战袍，跨马前导。千乘万骑，出宣德门，由景灵宫太庙。

【注释】

①大宗伯：古官职名，掌国家祭祀、典礼等事。②衮（gǔn）：同"衮"。古代君王与上公等穿的绘有卷龙的礼服。此代指圣驾。③兜鍪（móu）：古代战士戴的头盔。秦汉以前称"胄"，后叫"兜鍪"。④戽（hù）斗：一种取水灌田用的旧式汉族农具。用竹篾、藤条等编成。⑤罨（yǎn）画：色彩鲜明的绘画。袴（kù）：同"裤"。⑥胯剑：将剑悬在胯处，即腰间佩剑。锐牌：长矛和盾牌。锐是古代的兵器之一，属于长矛类。⑦镫（dèng）棒：古代一种棒形武器，其一端饰马镫形铜制品。后用作仪仗。⑧短杵（chǔ）：古代一种棒状的武器。

【译文】

第二天五更时，代理大宗伯执牙牌上前奏报说：宫中要严加

卷十

防范，即刻随圣驾外出巡游。于是，禁军中的铁骑在前面引导圣驾出行，其实，仪仗队从三更时就相继出发了。其中有大象七头，分别用有花纹图案的锦缎披在它们身上，精美的金莲花座位安放在象背上，金辔头笼络在大象的脑门上，身穿锦衣的驯象师跨坐在大象的脖颈上。紧随其后的是手举高大的旗帜和硕大的扇子，彩绘的戟和长长的矛，身披五色介胄的武士。骑跨在高头大马之上的武士，有的是头戴小帽、裹着锦绣抹额的，有的是头戴黑漆圆顶幞头的，有的是戴着用皮革缝制而成的头盔的，有的是头戴漆皮的状如水斗而且裹巾的官帽或貂蝉冠的，有的是身穿红、黄底色上绣有鲜明图画的锦绣服饰的，有的是身穿纯青色、

纯黑色衣服甚至鞋靴和裤子也都是纯青纯黑颜色服饰的，有的是头戴交脚幞头的，或者是用锦绳像蛇一样缠在自己身上的，或者是几十个人唱着曲子手执大旗列队走过，有一部分是手执大斧的，腰间佩剑的，也有手执锐牌的，还有手持镋棒一同前赴后继向前进发的，有一部分是手持长竿并在上面悬挂豹尾的，还有手持短杆的。仪仗队那些长矛和大戟上都连缀着五彩结带的铜铃铛，那些旌旗与长扇上都分别画着龙、虎、云彩、山河等图案。另外还有一面大旗，高约五丈，

这旗帜叫"次黄龙"。天子圣驾前往太庙青城时，这些仪卫都要先期到达排站整齐，并将此旗竖立在斋宫面前，如此忙于叉竿、放下绳索、竖立各种旗帜的能有百余人；另外还有头戴交脚幞头，腰间佩剑、足蹬长靴，像四直使者模样的人，能有千百人之多，一时之间无法用语言描述他们的状态。其余各官署的差役之人，全都身穿锦袄。

禁军中各班直、皇上的亲从官、亲事官，都戴帽子、腰间结带、身穿红色锦袍，有的是红罗锦袍上绣有紫团答戏狮子，或者是身穿后襟较短的打甲背子，手里都拿着皇上随时的应用之物。御龙直军士都是头戴珍珠结络短顶头巾，身穿紫底色上有杂色小花的锦绣长衫，腰间系着镶金束带和看带，脚穿镶嵌丝边的靴鞋。禁军中的天武官都是从上至下披挂朱红漆金装笠子，身穿红色底上绣有团花的背子。三衙以及带御器械官员，都是头戴小帽，身穿背子或紫色绣花战袍，跨着高头大马在前面引导队伍。就这样，千乘万骑浩浩荡荡从宣德门出来，经过景灵宫径直前往太庙。

驾宿太庙奉神主出室

【原文】

驾乘玉辂，冠服如图画间星官之服，头冠皆北珠装结，顶通天冠，又谓之"卷云冠"，服绛袍，执元圭①。其玉辂顶皆缕金大莲叶攒簇②，四柱栏槛，镂玉盘花龙凤，驾以四马，后出旗常。辂上御座，惟近侍二人，一从官傍立，谓之"执绥③"，以备顾问。挟辂卫士皆裹黑漆团顶无脚幞头，着黄生名宽衫，青窄衬衫，青袴，系以锦绳。辂后四人，擎行马，前有朝服二人，执笏面辂倒行④。是夜宿太庙，喝探警严如宿殿仪。至三更，车驾行事，执事皆宗室。宫架乐作，主上在殿上东南隅西面立⑤，有一朱漆金字牌曰"皇帝位"。然后奉神主出室⑥，亦奏中严外办。逐室行礼毕，甲马⑦、仪仗、车辂，番衮出南薰门。

【注释】

①北珠：又称东珠，指产于我国北方地区的珍珠，其颗大光润，极为珍贵。元圭（guī）：元，大。圭，古代帝王或诸侯在举行典礼时拿的一种玉制礼器。②玉辂（lù）：古代帝王所乘之车，以玉为饰。攒（cuán）簇：簇拥。③执绥：这里指陪帝王乘车的侍臣。

④笏（hù）：古代大臣上朝拿着的手板，用玉、象牙或竹片制成，上面可以记事。

⑤隅（yú）：角落。⑥神主：指古代为已死去的君主、诸侯等做的牌位，用木或石制成。后来民间亦立神主。⑦甲马：本意是披甲的战马，此处借指披甲的马队。

【译文】

皇上出行有时乘坐玉辂，所穿戴的皇冠和御服就像图画中星官所穿戴的一样，头顶上的皇冠都是用大而明亮的北珠装饰缀结而成，因此头顶上所戴的冠叫"通天冠"，又称为"卷云冠"。皇上身穿绛红色龙袍，手执御用元圭。皇上所乘坐的玉辂顶上都是镂金的大莲叶簇聚在一起，玉辂的四柱和栏杆都是雕镂的玉盘花和龙凤呈祥的图案，并由四匹骏马驾驭，紧随玉辂后面林立而出的是迎风招展的旗常。玉辂上设有御座，只有皇上的亲信侍从二人分别站立两旁，另有一名侍从官站立在一旁，称为"执绥"，以备皇上不时的询问。护卫玉辂的卫士，都是头戴黑漆团顶无脚幞头，身穿色彩鲜艳的黄色宽衫，里面穿的是青色窄衬衫，下身是青色裤子，腰间束着锦绳。玉辂后随行四人，手中分别托举着阻拦人马通行的"行马"。玉辂前面有身穿朝服者二人，分别手执朝笏，面对着玉辂倒退而行。这天夜晚，皇上就住宿在太庙寝殿内。禁军中的喝探、警戒、严鼓所值守的规矩一如住宿大庆殿时。到了三更时分，皇上圣驾亲自举行祭祀之事，陪同在一旁执事的官员都是皇族宗亲。此时，宫廷音乐奏起，皇上便在太庙正殿的东南角面朝西而站立，有一面朱红漆金字牌上写着"皇帝位"。然后皇上捧着先祖的牌位走出正殿门，这时也有礼仪官奏告"中庭戒严、庙外禁卫"。就这样，皇上到历代帝后的神位前逐一拜礼完毕，然后披挂铁甲的马队、仪仗队、御用车辂起程，浩浩荡荡依次走出南薰门回宫。

驾诣青城斋宫

【原文】

驾御玉辂，诣青城斋宫①。所谓"青城"，旧来止以青布幕为之，画砌甃之文②，旋结城阙殿宇。宣政间，悉用土木盖造矣。铁骑围斋宫外，诸军有紫巾绯衣素队约千余，罗布郊野。每队军乐一火③。行宫巡检部领甲马，来往巡逻④，至夜，严警喝探如前。

【注释】

①诣（yì）：前往。②砌甃（zhòu）：指砖砌的墙壁之类。③一火：这里是指古代的兵制单位，十人为一火。④行宫：古代京城以外供帝王出行时居住的宫室。也指帝王出京后临时寓居的官署或住宅。行宫巡检：官名，

多由禁军担任。

【译文】

　　天子圣驾乘坐玉辂，前往青城斋宫。所谓的"青城"，以前本来只是用青布帷幕搭建而成的，并在青色布上画出了砖砌墙壁的条纹，随即搭建扎结成了城阙殿宇的样式。到了宋徽宗宣和、政和年间，就全都改用土木建造了。宫中除了安排禁卫军的铁骑围绕着斋宫进行警戒之外，禁军各部派出一些人，他们组成了头上裹着紫色头巾、穿绯红色衣服的素衣卫队，总共有千余人，罗列分布在近郊野外，每队分别配有十人一组的军乐队。行宫巡检部统率的铁甲马队往来巡逻，每当到了夜晚，禁军开始戒严警卫、喝探查询，如同圣驾宿大庆殿以及夜宿太庙时的规矩一样。

驾诣郊坛行礼

【原文】

　　三更，驾诣郊坛行礼。有三重壝墙①。驾出青城，南行曲尺西去约一里许，乃坛也。入外壝东门，至第二壝里面，南设一大幕次，谓之"大次"。更换祭服：平天冠二十四旒②，青衮龙服，中单，朱舄③，纯玉佩。二中贵扶持，行至坛前，坛下又有一小幕殿，谓之"小次",内有御座。坛高三层七十二级,坛面方圆三丈许,有四踏道。正南曰午阶,东曰卯阶,西曰酉阶,北曰子阶。坛上设二黄褥,位北面南曰"昊天上帝④",东南面曰"太祖皇帝"。惟两矮案,上设礼料。有登歌道士十余人。列钟磬二架⑤,余歌色及琴瑟之类,三五执事人而已。坛前设宫架乐,前列编钟玉磬,其架有如常乐方响,增其高大;编钟形稍褊⑥,上下两层挂之,架两角缀以流苏。玉磬状如曲尺,系其曲尖处,亦架之,上下两层挂之。次列数架,大鼓或三或五,用木穿贯,立于架座上。又有大钟曰景钟,曰节鼓;有琴而长者,如筝而大者,截竹如箫管、两头存节而横吹者,有土烧成如圆弹而开窍者,如笙而大者,如箫而增其管者。有歌者,其声清亮,

非郑卫之比。宫架前立两竿，乐工皆裹介帻如笼巾⑦，绯宽衫，勒帛。二舞者，顶紫色冠，上有一横板，皂服，朱裙履。乐作，初则文舞皆手执一紫囊，盛一笛管结带。武舞一手执短稍⑧，一手执小牌，比文舞加数人，击铜铙响环⑨，又击如铜灶突者。又两人共携一铜瓫就地击者，舞者如击刺，如乘云，如分手，皆舞容矣。乐作，先击柷⑩，以木为之，如方壶画山水之状，每奏乐，击之，内外共九下。乐止则击敔⑪，如伏虎，脊上如锯齿，一曲终以破竹刮之。礼直官奏请驾登坛，前导官皆躬身侧引至坛止，惟大礼使登之。先正北一位拜跪酒，殿中监东向一拜进爵盏；再拜，兴；复诣正东一位。才登坛而宫架声止，

则坛上乐作。降坛则宫架乐复作。武舞上，复归"小次"。亚献终献上亦如前仪。当时燕越王为亚终献也。第二次登坛，乐作如初，跪酒毕，中书舍人读册，左右两人举册而跪读。降坛复归"小次"，亚终献如前。再登坛进玉爵盏，皇帝饮福矣。亚终献毕降坛，驾"小次"前立，则坛上礼料币帛玉册由酉阶而下。南壝门外，去坛百余步，有燎炉⑫，高丈许，诸物上台，一人点唱，入炉焚之。坛三层回踏道之间，有十二龛，祭十二宫神。内壝外祭百星⑬。执事与陪祠官皆面北立班。宫架乐罢，鼓吹未作⑭，外内数十万众肃然，惟闻轻风环佩之声。一赞者喝曰："赞一拜！"皆拜。礼毕。

【注释】

①壝（wěi）墙：围在祭坛外的矮土围墙。②平天冠：冕的俗称。旒（liú）：冠冕前后悬垂的玉串。③衮（gǔn）龙服：亦作"衮龙衣"。帝王的冕服。因绣有龙纹而

得名。中单：祭服、朝服的裹衣，古称中衣。自唐以后，渐趋简易，变通其制，腰无缝，下不分幅，故称中单。舄（xì）：即鞋子。重木底鞋（古时最尊贵的鞋，多为帝王大臣穿）。④昊（hào）天上帝：指天，是华夏部分朝代祭祀的最高神。⑤钟磬（qìng）：钟和磬，古代礼乐器，也是佛教法器。⑥褊（biǎn）：本意指衣服狭小，这里同"扁"。⑦介帻（zé）：是指一种长耳的裹发巾。⑧矟（shuò）：古兵器名，即长矛。⑨铙（náo）：中国古代使用的打击乐器之一，是铜制圆形的乐器，常和钹配合演奏。其最初的功能为军中传播号令之用。⑩柷（zhù）：中国古代乐器，方形，以木棒击奏，用于宫廷雅乐，表示乐曲开始。⑪敔（yǔ）：中国古代的一种乐器，常在乐队中使用。形如伏虎，以竹条刮奏，用于历代宫廷雅乐，表示乐曲的终结。⑫燎炉：祭祀用的大火炉。⑬龛（kān）：供奉神佛或神主的小阁子。百星：指各种星宿。⑭鼓吹：古代的一种器乐合奏曲。

【译文】

三更时，天子乘坐车驾前往郊坛行祭祀大礼。祭坛四周有三重矮土围墙。天子车驾从青城出发，向南行走一段路程然后拐向西行约一里，就是皇家郊坛了。进入外围墙的东门，到达第二重矮土墙的里边，面朝南设置了一个大幕帐，这叫作"大次"。天子在这里所更换的祭服是：头上戴着坠有二十四旒的平天冠，身穿青色衮龙袍，外罩中衣，脚穿贵族红鞋，腰间悬挂至纯玉佩。天子由两名宫中有权势的太监扶持，来到祭坛前。祭坛下又有一个帷幕围成的小殿，称为"小次"，这里边设有天子御座。祭坛高三层，共有七十二级台阶。祭坛平面方圆有三丈左右，共有四条登上祭坛的踏道台阶。位于正南面的叫午阶，东面的叫卯阶，西面的叫酉阶，北面的叫子阶。祭坛上设有两个黄色褥垫，位置在北面朝南的是"昊天上帝"的灵位，面朝东南的是"太祖皇帝"。这里只有两张矮桌几，上面摆放着各种祭礼用品。另外还有登歌道士十余人。旁边排列着钟、磬二架，其余是歌色及琴瑟之类的乐器，剩下的就只是三五个当值之人罢了。祭坛前面设置了宫廷架子乐队，排列在前面的是编钟、玉磬。悬挂编钟、玉磬的架子如同平常所见的乐架子，只是增加了其高度和长度；编钟的形状看起来稍扁一些，分为上下两层挂在架子上，架子的两角缀结着流苏。玉磬的形状如同曲尺一样，绳索系在曲角

尖端处，也用架子，分上下两层挂起。顺次在旁边还排列着数架大鼓，它们或三面或五面为一组，并用木方横竖贯穿连结在一起成为木架子，大鼓就安放在架座上。另外还有一架大钟，叫景钟，还有一种鼓，叫节鼓；还有一种似琴而比琴长的，有像筝却比筝大的，有截竹而成形状如箫管、两头存节而横吹的，有用土烧制而成状如圆球而上面开孔的，有像笙却比笙大的，似箫却又增加一根管的。有随着音乐歌唱的人，那歌声清越嘹亮，不是郑、卫之音可比的。宫廷乐架前竖起两根长竿，乐工们都是头戴长耳裹发巾就像朝中官员所戴的貂蝉冠一样，身穿绯红宽衫，腰间扎束着丝帛腰带。有两名舞者，头戴紫色冠，上面有一块横板，身穿黑色袍服，朱红色裙子和鞋子。当音乐奏起，开始时跳的是文舞，两人的手中都拿着一个紫色布囊，里边装着一支绾结丝带的笛管。接下来是武舞，一个人手执短稍，另一个人手拿小盾牌，此时比跳文舞时增多了几个人，击打铜铙的响环来伴奏，然后又击打铜铙上像铜灶突一样的部位。又过来两个人共同携带一只铜瓮就地敲击。舞蹈者如同在战场上一样相互劈刺，忽而如同乘云驾雾飘飘欲仙，时而如同断肠别离，这都是舞蹈者的优美舞姿。又一次乐声大作，首先是击柷，这柷是用硬木制作而成的，形状像方形的水壶，上面画着山水图案，每当奏乐的时候就敲击它，内外共敲击九下。乐曲将止时就去敲击敔，这乐器敔的形状就如同卧伏着的老虎，脊背上有一道很像锯齿，当一曲将终了时就用破开的竹片刮锯齿部位。这时，主持祭礼的礼直官躬身向前奏请天子圣驾移步登坛，前导官也都躬身在两侧行走，引导天子到祭坛为止，只有大礼使一人跟随天子登上祭坛。皇上先向正北方的"昊天上帝"祭拜，跪地献酒，然后跟随而来的殿中监向东一拜，进献斟满酒的爵盏；皇上拜了两拜，然后起身；皇上又到正东"太祖皇帝"的灵位前祭拜。皇上刚刚登上祭坛宫架的乐声就停止了，而祭坛上其他乐器随后奏起。皇上走下祭坛则宫架乐声又重新奏起。这时，武舞上场表演，皇上重又回到"小次"之中。刚才皇上拜祭为初献，接下来的亚献和终献拜祭程序也如同初献礼仪一样。当时，皇子燕王和越王分别承担亚献和终献的拜祭仪式。皇上第二次登上祭坛，各部的奏乐跟前一次一样。跪拜献酒完毕，中书舍人宣读祭祀册书，由左右两个人同时举着册书而中书舍人跪地宣读。然后，皇上走下祭坛又回到"小次"之中休息，接下来的亚献和终献也如前面的礼仪一样。待到皇上再次登坛，有官员上前进献玉爵杯盏后，皇帝饮下杯中酒就是"饮福"了。接下来的亚献、终献礼毕就全部走下祭坛，天子圣驾要

到"小次"前站立等候，这时祭坛上所用的祭品、币帛、玉册等都从酉阶送下来。南围墙门外，距离祭坛百余步远的地方，有一座大燎炉，高一丈左右。祭坛上各种各样的祭祀物品都要送上炉台，并由一个人在那里边清点边叫唱，然后送入炉内焚烧。祭坛高有三层，来回行走的四条台阶踏道之间，共有十二个小神龛，这是用来祭祀十二宫神的。在内侧的矮墙以外祭祀的是众多星宿之神。祭祀主管官员与陪同祭祀的官员都面向北站立在班列之中。宫架乐停止，击鼓吹奏交响的乐曲尚未奏起之时，祭坛内外参加祭祀大典的数十万人都恭敬肃然地站立在那里，只听见清风吹动环佩相互轻轻撞击的清脆优美之声。这时，一位赞礼官高声唱喝道："赞—拜！"于是，在场的所有人都一起下拜。然后宣告祭祀典礼结束。

郊毕驾回

【原文】

驾自"小次"祭服还"大次"，惟近侍椽烛二百余条，列成围子^①，至大次更服衮冕，登大安辇^②。辇如玉辂而大，无轮，四垂大带^③。辇官服色，亦如挟路者。才升辇，教坊在外墙东西排列，钧容直先奏乐，一甲士舞一曲破讫^④，教坊进口号，乐作，诸军队伍鼓吹皆动，声震天地。回青城，天色未晓，百官常服入贺。赐茶酒毕，而法驾仪仗、铁骑鼓吹，入南薰门。御路数十里之间，起居幕次，贵家看棚，华彩鳞砌^⑤，略无空闲去处。

【注释】

①椽（chuán）烛：如椽之烛。形容蜡烛之大。围子：帝王巡幸时的仪卫。②安辇（niǎn）：设有座位的用人拉或推的车。辇，秦汉后专指帝王妃子所乘的车。③大带：装饰用的、表示身份的带子。④曲破：唐宋的一种乐舞，节奏紧促，有歌有舞。⑤华彩：华丽。鳞

砌：依次序建造，排列如鱼鳞。

【译文】

皇上从"小次"幕帐中身穿祭服返回到"大次"之中，此时只有近侍手持大烛二百余支，排列成仪卫队形，陪同皇上到"大次"更换龙袍冠冕，然后登上大安辇。这辆辇车形如玉辂但比它更大一些，没有轮子，辇的四周垂挂丝绸大带。辇官的服装颜色也如同夹道秉烛警戒的侍卫服装一样。皇上刚登上御辇，教坊司乐队就已经在外围矮墙门外的东西两边排列整齐，钧容直先开始奏乐。紧接着，一名披甲的武士舞一段"曲破"完毕，教坊官上前进献颂诗，此时乐声奏起，禁军各部队伍中的锣鼓笙箫乐队一齐奏乐，声音高亢，可谓震动天地。皇上圣驾回到青城的时候，天色尚早，还没有放亮。文武百官便身穿常服，进入大殿朝贺皇上郊祀礼毕，于是，皇上赐茶赐酒，百官饮用完毕，就随从皇上的法驾、仪仗以及铁骑马队、鼓吹乐队一行人进入南薰门。圣驾经行的一路上数十里之间，供皇上生活起居的幕次，以及达官显贵之家为此搭建的看棚，无不华丽光彩耀人眼目，繁华密集鳞次栉比，几乎没有一点空闲之处。

下赦

【原文】

车驾登宣德楼。楼前立大旗数口，内一口大者，与宣德楼齐，谓之"盖天旗"。旗立御路中心不动。次一口稍小，随驾立，谓之"次黄龙"。青城、太庙随逐立之，俗亦呼为"盖天旗"。亦设宫架，乐作。须臾，击柝之声①，旋立鸡竿，约高十数丈，竿尖有一大木盘，上有金鸡，口衔红幡子，书"皇帝万岁"字。盘底有彩索四条垂下，有四红巾者争先缘索而上，捷得金鸡红幡，则山呼谢恩讫。楼上以红绵索通门下一彩楼，上有金凤衔赦而下，至彩楼上，而通事舍人得赦宣读。开封府、大理寺排列罪人在楼前，罪人皆绯缝黄布衫，狱吏皆簪花鲜洁，闻鼓声，疏枷放去②，各山呼谢恩讫，楼下钧容直乐作，杂剧舞旋，御龙直装神鬼，斫真刀倬刀③。楼上百官赐茶酒，诸班直呈拽马队④，六军归营。至日晡时⑤，礼毕。

【注释】

①柝（tuò）：古代巡夜人敲以报更的木梆。②疏（shū）：同"疏"。松开，解除。枷：古代加在犯人脖子上的木质刑具。③斫（zhuó）：攻击；引申为用刀、斧等砍。倬刀：古时的一种杂剧表演。④呈

拽：指安置、安排。⑤日晡（bū）：指申时，即下午三点钟至五点钟，亦称晡时。

【译文】

天子圣驾登上宣德楼，一般都会有大赦之事，以示皇恩。宣德楼前竖立起数面大旗，其中一面最大的旗帜，竖起后能与宣德楼一样高，这旗叫"盖天旗"。这大旗立在御路中央，即使风吹大旗，旗杆也不动。接下来的第二面旗略小一些，要随着天子御座的位置而竖立，这面旗叫"次黄龙"。如果皇上到青城、太庙那边举行有关仪式随即逐一竖立起的大旗，按照当时的风俗也称呼它们为"盖天旗"。这时也设宫架乐队，适时乐声奏起。不一会儿，响起了击柝之声，旋即有人立起"鸡竿"，此竿大约高有十几丈，在竿顶端上有一大木盘，木盘上

面有一只金鸡，金鸡嘴里衔着红幡子，幡子上写着"皇帝万岁"四个大字。木盘底下有四条彩色丝绳垂挂下来，另外有四个头裹红巾之人沿着绳索争先而上，捷足先登得到金鸡红幡的人，就山呼万岁，然后谢恩而去，则表演结束。宣德楼上用红色绵索连接楼门下的一座彩楼，这时宣德楼上有一只金凤衔着赦书沿着绳索徐徐而下，等降落到彩楼上时，便由通事舍人解下赦书后大声宣读。这一天，开封府、大理寺都将准备赦免的犯人押解到宣德楼前排列整齐，犯人都穿着缝有红色条缝的黄布衫，押解犯人的狱吏都是头上簪花，衣着鲜亮整洁，听到鼓声响起以后，就打开枷锁将犯人放走。这时，那些被释放的犯人和所有在场的百姓都在宣德楼下山呼万岁，谢恩完毕，宣德楼下的钧容直乐队开始奏乐，艺人表演杂剧，歌舞飞旋，御龙直的艺人则表演装神弄鬼，并挥舞真刀砍杀表演偅刀节目。在宣德楼上，皇上赏赐随行的文武百官茶酒，饮完茶酒，禁军诸班直安排皇家马队在前边开道，率领皇家六军回归营地。到午后申时，皇上宣赦典礼结束。

驾还择日诣诸宫行谢

【原文】

驾还内，择日诣景灵东西宫，行恭谢之礼三日。第三日毕，即游幸别宫观或大臣私第①。是月卖糍糕②、鹌兔方盛。

【注释】

①游幸：帝王或后妃出游。别宫观：离宫别馆供皇帝游玩休息的地方。②糍（cí）糕：即糍粑。一种用糯米制作的食品。

【译文】

天子圣驾返回皇宫大内，选择吉日到景灵东宫和景灵西宫，举行恭谢之礼三天。到第三天礼毕，就开始巡游临幸附近的离宫别馆，或者是到某位宠信的大臣私人宅邸小坐。这个月里，京城中卖糍糕和鹑兔等特色食品的生意刚开始兴盛。

十二月

【原文】

十二月，街市尽卖撒佛花、韭黄、生菜、兰牙、勃荷、胡桃、泽州饧①。初八日，街巷中有僧尼三五人作队念佛，以银铜沙罗或好盆器，坐一金铜或木佛像，浸以香水，杨枝洒浴，排门教化。诸大寺作浴佛会，并送七宝五味粥与门徒，谓之"腊八粥"。都人是日各家亦以果子杂料煮粥而食也。腊日，寺院送面油与门徒，却入疏教化上元灯油钱。闾巷家家互相遗送②。是月景龙门预赏元夕于宝箓宫③，一方灯火繁盛。二十四日交年④，都人至夜请僧道看经，备酒果送神，烧合家替代钱纸，帖灶马于灶上⑤。以酒糟涂抹灶门，谓之"醉司命"。夜于床底点灯，谓之"照虚耗"。此月虽无节序，而豪贵之家，遇雪即开筵，塑雪狮，装雪灯雪□以会亲旧⑥。近岁节，市井皆印卖门神、钟馗、桃板、桃符，及财门钝驴⑦、回头鹿马、天行帖子。卖干茄瓠、马牙菜、胶牙饧之类⑧，以备除夜之用。自入此月，即有贫者三数人为一火，装妇人神鬼，敲锣击鼓，巡门乞钱，俗呼为"打夜胡"，亦驱祟之道也⑨。

【注释】

①勃荷：即薄荷。泽州饧（xíng）：是一种在北宋时期，产自泽州（今晋城），当时风靡北宋都城东京汴梁的一道有名的食物。②闾巷（lú xiàng）：小的街道，即里巷。泛指乡里民间。③预赏：提前放灯，供人观赏。宝箓（lù）宫：宋朝宫名。④交年：即"交年节"。宋代以十二月二十四日为交年节。谓旧年和新年在这一天交接。⑤灶马：木刻印刷在纸上的灶神像。⑥雪□：原刊本脱一字。⑦钟馗（kuí）：字正南，中国民间传说中能打鬼驱除邪祟的神。旧时中国民间常挂钟馗的像辟邪除灾。财门钝驴：古时候一种剪刻而成的印刷品，新年贴于门上，用以招财。⑧瓠（hù）：植物的果实，可食用。胶牙饧（xíng）：用麦芽制成的糖，因为吃着粘牙，故称。⑨驱祟（suì）：旧时岁暮迎神赛会以驱逐鬼祟。

【译文】

十二月，京城街巷集市上到处都在卖撒佛花、韭黄、生菜、兰芽、薄荷、胡桃、泽州饧等物品。十二月初八这一天，街巷中有僧人或尼姑三五人一伙，结队念佛，用银制、铜制的沙罗或是上好的盆式器皿，里面端坐一尊金质或铜质又或者是木质佛像，将其浸泡在香水中，并用杨枝蘸着香水点洒，如同在为佛像沐浴，如此挨家挨户进行化缘。这一天，京城之中各大寺院也都举行浴佛会，并舍送七宝五味粥给门徒信众，这粥叫"腊八粥"。京城中人在这一日各家各户也都用各种果实杂料混合在一起煮粥吃了。腊日这天，寺院还舍送面和香油给门徒信众，但要写入文书向民众宣讲佛道教义并募化元宵节的灯油钱。同巷之间，家家户户也都互相赠送腊八粥等食品。这个月，景龙门外的宝箓宫提前点起元宵节的灯火，供人观赏，因此，这时候景龙门一带灯火通明，尤其繁盛。二十四日是"交年节"，京城中人在这一天夜晚通常要请僧人、道士诵经，而且还要备下酒菜果子等食物送神，烧一次合家替代纸钱，并且将灶王神画像贴在灶上。用酒糟涂抹在灶上，这叫"醉司命"。夜晚的时候要在床底下点一盏小灯，这叫"照虚耗"。这一月虽然没有什么传统节日，但是那些富豪权贵之家，遇到大雪天就大摆宴筵，堆雪狮子，安装雪灯雪□，以此来邀请亲朋故旧欢聚一堂。临近辞旧岁迎新年的节日时，街巷集市到处都有卖印制的门神、钟馗、桃板、桃符，以及财门钝驴、回头鹿马、天行帖子等过年需要粘贴的用品。另外还有人在卖干茄瓠、马牙菜、胶牙饧之类的食品，以备在除夕之夜食用。自从进入腊月，便有

贫穷者三五人或者多人为一伙，装扮成妇人鬼神的模样，敲锣打鼓，挨门挨户乞讨钱物，当时风俗称为"打夜胡"，这也是除邪和驱逐鬼祟的一种方法。

除夕

【原文】

至除日，禁中呈大傩仪①，并用皇城亲事官、诸班直戴假面，绣画色衣②，执金枪龙旗。教坊使孟景初身品魁伟，贯全副金镀铜甲，装将军。用镇殿将军二人，亦介胄③，装门神。教坊南河炭丑恶魁肥④，装判官；又装钟馗小妹、土地、灶神之类，共千余人，自禁中"驱祟"，出南薰门外转龙湾，谓之"埋祟"而罢。是夜禁中爆竹山呼，声闻于外。士庶之家，围炉团坐，达旦不寐⑤，谓之"守岁"。

凡大礼与禁中节次，但尝见习按，又不知果为如何，不无脱略，或改而正之，则幸甚。孟元老识。

【注释】

①除日：即除夕。大傩（nuó）：岁末禳（ráng）祭，迎神以驱除瘟疫。宫禁之中，集童子百余人为伥（chāng）子，以中黄门装扮方相及十二兽，张大声势以驱除之，称为"大傩"。又称"逐疫"。

②色衣：彩色的衣服。③介胄（zhòu）：披甲戴盔。④南河炭：教坊中的艺人。丑恶魁肥：相貌丑陋，高大肥壮。⑤寐（mèi）：睡，睡着；睡觉。

【译文】

到了除夕这一天，宫中会举行盛大的傩舞仪式，以此来驱除瘟疫邪魔，并选用皇城亲事官、诸班直中的人戴着假面具，身穿锦绣图画的彩色衣服，手里拿着金枪龙旗进行各种形式的表演。教坊使孟景初身材魁梧高大，他穿戴全副镀金铜质盔甲，装扮成将军。又选用禁军中的镇殿将军两人，也是披甲戴盔，装扮成门神。教坊司的南河炭相貌丑陋，高大肥壮，让他装扮成判官。另外还有人装扮成钟馗的小妹、土地神、灶神等众神的模样，共有千余人，纷纷从皇帝禁宫里舞蹈着走出来，以此驱逐鬼祟，然后从南薰门出去到门外的转龙湾止步，进行一种被称为"埋祟"的举动，之后驱祟仪式就结束了。这一夜，宫中的爆竹声、众人的欢呼声响彻天空，在皇宫之外也能听到。此时，一般士大夫以及平民百姓人家，也都在火炉边团团围坐，开怀畅饮，一直到天亮也不睡觉，这叫作"守岁"。

凡是重大典礼和皇宫中庆祝节日的礼仪程序，只是曾经见过这样的习俗做法，但又不知道究竟是为什么要这样做。这里所记述的难免会有脱漏疏略之处，如果有人能出面修改纠正其中的错漏之处，那么我将感到非常庆幸。孟元老记之。

参考文献

[1] 高嘉敏. 东京梦华录 [M]. 合肥：黄山书社，2016.

[2] 王莹. 东京梦华录译注 [M]. 上海：上海三联书店，2014.

[3] 李合群. 东坡志林注解 [M]. 北京：中国建筑工业出版社，2013.

[4] 王永宽. 东京梦华录 [M]. 郑州：中州古籍出版社，2010.

[5] 姜汉椿. 东京梦华录全译 [M]. 贵州：贵州人民出版社，2009.